"十三五"国家重点出版物出版规划项目

自传的回声

〔埃及〕纳吉布·马哈福兹 著
薛庆国 译

华文出版社
SINO-CULTURE PRESS

اصداء السيرة الذاتية

نجيب محفوظ

智慧人生的启迪（译者序）

人生真是亘古之谜。

人从哪里来？人往何处去？人为什么要生存？人如何生存？这些问题，曾令古往今来多少贤哲殚思竭虑，也让无数凡夫俗子或多或少地感到困惑。似乎已有了现成的答案，似乎又没有；但只要人类存在，对这些问题的思考与探索就会赓续。

在《自传的回声》中，一位来自文明古国埃及的世界级作家，也以独特的艺术形式，记录了他对这些人生问题的思考与探索。

纳吉布·马哈福兹（1911—2006），出生于开罗老城区一个中产之家，1934年毕业于开罗大学哲学系，后在大学任职数年，1939年起在政府部门长期工作，并利用业余时间从事文学创作。他的早期作品，包括《命运的嘲弄》等三部表现爱国主义思想的长篇历史小说。此后，他视野转向社会现实，写出了《梅达格胡同》《始与末》等广受好评的批判现实作品。1952年，他完成了著名的"三部曲"巨著（《宫间街》《思宫街》《甘露街》），全书通过一个家庭三代人的遭遇，史诗般地概括了埃及20世纪上半叶的风云变幻，出版后获得"埃及国家文学奖"。1952年埃及独立后，面对急剧变化的生活，他曾中断写作五年。复出后他一改创作风格，大量借鉴西方现代写作技巧，写出《小偷与狗》《尼罗河上的絮语》《真主的世界》等作品，反映了现代人在新形势下面临的种种危机。他在此期间创作的《我们街区的孩子们》，则以神话的方式演绎人类历史，表达了他对人类理想与现实的深刻思考，其中有关宗教与神的观点在保守人士看来足以惊世骇俗。1967年埃及在中东战争中惨败，马哈福兹经过沉痛思考，写出《卡纳克咖啡馆》《黑猫酒店》等多部作品，反映了他对失败原因的反思和对国家局势的忧虑。1971年，他从政府公职退休，但继续保持旺盛的创作力。晚年的《平民史诗》与《千夜之夜》两部杰作，借鉴了阿拉伯民间文学的风格，反映了他对人类历史的思考、对人性弱点的揭示。在半个多世纪的文学生涯中，马哈福兹共发表了三十七部中长篇小说、十四部短篇小说集，并亲自改编作品，将大量小说搬上银幕、舞台。除此之外，他还是个出口成章的健谈者，根据他与别人谈话而出版的访谈录就有多部。无论就作品的质量还是数量而言，马哈福兹都堪称现代埃及最杰出的作家，无愧于"阿拉伯小说之父"的美誉。1988年，马哈福兹荣获诺贝尔文学奖，评委会认为：他的作品"总体上是对人生的烛明"。

20世纪90年代初期，马哈福兹曾去伦敦治病，回国后身体一直欠佳。他在病床上仍难抑制强烈的创作欲望，但苦于没有合适的题材，加上体力不支，因而无法创作长篇巨著。于是，他将自己卧床时的一些思绪记录在小纸片上，积少成多，并加以认真修改。作品完成后，他先以《沉思录》冠名，后又觉大而不当。他认为其中许多内容的灵感来自他本人生活，"或是我生活中曾发生的一件事，或是一个瞬间、一个念头"，但又算不上真正的传记，于是想到"回声"这个词，觉得可以赋予自己一些自由度，便称之为《自传的回声》。但他对出版此作曾颇为犹豫，害怕将这部"非短篇、非长篇、非诗歌"的作品面对读者，甚至动过撕掉它的念头，后在朋友劝说下同意发表，于1994年先后在《金字塔报》《文学消息报》连载，并于1996年出版单行本。马哈福兹认为，他虽然接受过许多人采访，但有些想法始终未有机会谈及，所以可借这部作品表达。①

在人生旅途的末程回望人生，一位功成名就的文学大师该是什么样的心境？在《自传的回声》中，我们读不出怡然自得，也看不到踌躇满志。相反，那是一位爱怀旧的老人在感叹光阴似箭、人生如梦。对人生苦短的感喟不绝于耳：旧相片上的亲朋都已作古，那位很爱说笑的妇人晚境何等凄惨，梦里见到的奈芙赛太太现在还活着吗？那个笑吟吟的老妇人是谁呢？那些人真的曾经存在过吗？美好的往昔，恍如隔世；青春的机缘，几近虚幻。曾经强悍的，变得衰弱；曾经执拗的，归于柔顺。岁月无声地改变一切，经过时光之筛的过滤，唯余下凄凉与惆怅。苏轼曾在赤壁长叹："哀吾生之须臾，羡长江之无穷"，然而人生之须臾，又怎一个"哀"字了得？"当爱情让我登上迷茫和相思之巅"时，黎明时分传来的那句低语："祝你愉快！快告别了"，（《黎明时分的低语》）② 迷失者阿卜杜·拉比希长老的那句警语："我们刚准备好房间，耳边就传来离别的乐曲"，（《速度》）能不让人惊心与警悚？

对于个体生命而言，时光的终极，便是死亡。怀生畏死之情，人皆有之。《旅行》和《芳香》描写的情形，或许正是作者冥想中死的瞬间。虽有善良的人们说"不要害怕"，但那神秘而阴森的"异乡的土地"，却断不是人们欣然前往的所在。死神，是"很少受到我们欢迎的朋友"，当这曾经遥远得"犹如天空远离大地"的不速之客逼近时，人的意志显得那么虚诞：昔日走路能让地面抖一抖的人们，而今成了等待出殡的死者；他们的后代来了，连脚下的土地也要向他们弯腰致敬，可惜，"最后，棺材架到肩上，越过所有人，过去了"。（《提醒》）死便是无，参加葬礼的人们谈论各种各样的话题，尸骨未寒的死者却已被人忘却。（《离去》）阿卜杜·拉比希长老的感悟，道出了人生的无奈："生命，是一股注入遗忘之海的记忆之流；

---

① 马哈福兹谈《自传的回声》创作经过，见一九九四年四月三日埃及《文学消息报》。
② 指引文篇目的标题。下同。

死亡才是确凿的真实。"(《病》)

　　死是真实的虚无。那么，生又是什么？存在的意义何在？从死亡的虚无，并不能推断出生命的价值。具有惊人文学想象力的马哈福兹借用"已满九个月的胎儿的感想"，对存在的意义发出了质疑："怎么样？为什么？哪一种智慧能说明那个生命存在的必要？"(《幼小的哲学家》)人，身不由己地开始了他在这个世界的旅程，他还不可避免地要走向旅程的终点——死亡。这是一切存在者都必须承受的苦难。生与死之间，人在世界的存在状态，也总脱不了偶然、荒诞与悲剧的摆布。两辆车恰好同时驶出、偶然变换车速、轻微碰撞的结果，竟然是"预订车票的人"生命的终结！(《预订车票的人》)"被命运捉弄的人"历尽坎坷，逆来顺受，病入膏肓后将一切尽悉遗忘，因而"到达了愉悦的巅峰，逃出了严酷生活的魔掌，连原先可怜他的人们也羡慕他了"。(《被命运捉弄的人》)然而，消失的毕竟不是他的不幸，而是他的不幸意识。失去了不幸意识，人又何异于草木？而众人对不幸意识消失的羡慕，岂非因为他们正备受不幸的折磨？"我"变成小鸟，因而能从树上一睹爱人的芳容，并为之喜悦，当爱人把"我"捉进笼子时，她的触摸让"我"全身陶醉；"有爱人近在身边，连周围群鸟的翻跶和歌唱都不值一提了"。(《幸福的归宿》)这颇有魔幻风格的寓言，象征了人在追求幸福的过程中，不但失去了自由，更异化而成"非人"，人"幸福的归宿"竟是樊笼，这是何等的悖谬！已经长生不老的乞丐在哀叹：那些希望永生的人们，"都没有经历过世代的更迭，境遇的变迁，知识的增长，亲人的逝去，子孙的入土"。(《永生》)由此可见，死，人所不欲；生，亦人所不欲或不堪。生死两难，这便是人的悲剧性处境。

　　然而，人生的悲剧并不就此为止。马哈福兹说过："生活的悲剧是多重而非简单的。从存在的角度思考生活，就只看到生与死；而从社会的角度看生活，还可以看到许多人为的悲剧，如愚昧、贫困、奴役、暴力、野蛮，等等。①"作为生活在第三世界的一位作家，马哈福兹的视野从未离开过自己多难不幸的祖国。他那大量揭露社会悲剧、批判社会现实的小说，便从不同角度真实记录了20世纪埃及的苦难历程。《自传的回声》也描绘了这个悲惨社会的众生相——因杀死舞女而被处死的童年好友，因穷苦窘迫而被爱情和希望抛弃的老年夫妻，像烈士一般艰辛谋生的父子，因目睹父亲被殴而抗拒整个世界的孤独女子，在恶毒而蛊惑人的世界里自甘堕落的老妪，以恶报恶的浪子……还有牺牲尊严而换来成功后含泪的笑容，统治者对思想和自由的压制，深夜里向城市蠕动、象征黑暗势力的魅影，受到圣徒谴责的猖獗的腐败……这是一个人人都在受难的世界，这是一个人人都是疯子的世界。

　　社会的悲剧与存在的悲剧交糅在一起，更凸现了人生的不幸与荒谬。在马哈福兹的小说中，真诚爱国的弟弟早早夭折，沉迷声色的哥哥却能寿终正寝；正直能干的人处处碰壁，徇私舞弊者却左右逢源；敌人空袭时清真寺里的避难者被炸死，而在酒馆里寻欢的人却能逃生……马哈福兹的笔墨何以冷峻得近乎残酷？他是这样回答人们疑问的："这一切都来源于现实，既来自人类的现实，更来自我们这里的现实。谁想验证，可以找到无数的证明。至于我这么写的目的，你可以说是抗议，或是批判，或者只是作为记录。②"他在晚年谈论起卡夫卡的作品时，曾深有同感："我从卡夫卡和表现主义作家那里，发现的是与现实平行的世界，比现实更现实。《审判》写得非常好，主人公被诉有罪，而他根本不知道自己到底有何罪过。读者看起来觉得类似笑话，其实很真实。因为有时候你在大街上也能看到人在发呆，嘴里念道：'安拉啊，我作了什么孽，要遭这样的不幸？'③"真实展示惨淡的人生，看起来不免有悲观主义之嫌，然而恰

---

① 马哈福兹：《我和你们谈》，贝鲁特回归出版社1977年版，第73页。
② 纳比勒·法尔吉：《马哈福兹：其生活与文学》，埃及图书总署1986年版，第47页。
③ 拉贾·尼高什：《马哈福兹回忆录》，《金字塔报》翻译出版中心1998年版，第56页。

恰在这种真实面前，一切无视人生真相的乐观，或不是建立在悲剧基础之上的乐观，都显得盲目和浅薄。面对苦难人生和悲情社会，马哈福兹无法视而不见、无动于衷。正视悲剧不是怯懦，而是真诚与大勇的表现。

人生可悲。然而，人类仍然要生存，历史总归要演进。参破了人生的真相之后，一个更关键的问题摆在面前：如何面对人生？选择什么样的生存智慧？其实，人生的真相，古今众多的贤哲都曾揭示过，但对待这苦难人生的态度，却颇为殊异。从古至今的各民族、各文化中，都不乏遁世者与玩世者。马哈福兹描述了那么多的悲剧，那他是遁世者吗？不，他借阿卜杜·拉比希长老之口道出了自己的心声："有一天，我试图隐居，可是人类的叹息声冲破我的清静。"（《冲破》）遁世是容易的，但是一种更博大的情怀让他不忍如此。他是玩世者吗？他坦率地承认，1967年埃及在中东战争中惨败后，他曾一度万念俱灰，堕入玩世之渊，因为"现实看来荒谬而可怕"。但是，他又动情地告诉别人："不，可以肯定，我不是玩世者。你知道玩世的含义吗？简单而言，就是认为生活毫无意义。而对我来说，生活有其意义和目的。我全部的文学实践，都是在同玩世斗争，或许我曾感到过玩世之念的蠕动，但我抗拒它，思索它，试图分析它，然后制服它。"① 在题为《不要相信》的对话中，两种人生观展开了较量：

"有一个人走来对我说：'你不要信！你不过是盲目、偶然的产儿，是诸元素纷争的后嗣；你毫无目的而来，还要毫无目的去，如同你不曾存在过一样。'"

"我告诉他：'以前你父亲就曾相信了不该相信的话，于是失去了愉悦和安宁。'"

不妨认为，这是曾在马哈福兹心中较量过的两个声音，终于，那代表智慧和神明的声音获胜。人生是苦难的，但不等于虚无。然而，只有信念还不足以带来愉悦和安宁，还需要行动。"通过解决社会的悲剧，存在

---

① 杰马勒·黑托尼：《马哈福兹在回忆》，贝鲁特进程出版社1980年版，第54页。

的悲剧最终或许可以解决或减轻，总之，它可以赋予生活意义，使我们认为值得活下去。①"马哈福兹对于解决或减轻存在的悲剧出语谨慎，因为这起码超乎人类目前的智慧与力量；但让这世界变得更美好，却是人的义务，是人生的目的。

行动和解决的动力何在？马哈福兹给出了答案：爱。这是一个在《自传的回声》中回响不绝的声音。他从漫长的人生经历中体会到：社会悲剧的产生，人的堕落，原因都可以归结到爱的丧失。于是，年届耄耋的他比以往任何时候都更直接、更热烈地赞美起爱："他从摇篮一直跟随我到坟墓。他便是爱。"（《跟随者》）"爱，是打开存在奥秘的钥匙。"（《奥秘》）"我即是爱，倘若没有我，水流便会干涸，空气便会腐败，死神会在每一个角落高视阔步。"（《我即是爱》）"爱的微风轻拂一个时辰，足以抵消一生遭遇的邪恶罡风。"（《爱的微风》）我们忘不了这样一幅感人的场景：从地上拾起的一张表达爱意的纸片，让他"赞美起这个爱的源泉未告枯竭的世界"，"呼吸到了遥远往昔的气息"，"一下子，我超脱了原先的踌躇。我决定现在就做准备，以便在这辽阔的城市里有我的葬身之所。"（《信》）是爱的情怀，让他从苦难的人生中振作起来。

爱意味着爱他人。正是爱，让马哈福兹笔下多了一种悲天悯人的品格。对故知旧友的回忆中，与伤感一起流露的是他的眷爱；对人物不幸命运的叙述里，蘸了苦水的笔仍饱含同情与关爱；即使对堕落者，他也表现出某种程度的宽恕，因为对于世道堕落，人人都有难以推卸的责任。《宽恕》中，"为别人的残忍和自私做了牺牲"的母亲，认为自己只是"为爱做了牺牲"，因为别人的残忍和自私"是出于对自己孩子极度的爱"。《相像》中法官和被告长得相像，让人想起被告母亲丢失的孩子。这个平淡的故事令人回味：法官和被告相像的仅仅是长相吗？对于有着亘古魅力的男女间的爱情，马哈福兹更是高唱起青春的赞歌："爱情的故事多么美妙！

---

① 马哈福兹：《我和你们谈》，贝鲁特回归出版社1977年版，第74页。

愿安拉宽宥爱得死去活来的日子!"(《一句话》)

爱意味着爱生活。生活多难,所以敢于承担苦难、义无反顾投入生活的人才是勇者。人生无常,所以更应当珍惜现时的生活,把它当作最后的时光。"生活看起来是一连串的争斗、泪水与恐惧;但它又有一种令人迷恋和沉醉的魅力。"(《魅力》)马哈福兹虽然看重精神的修炼和感悟,但不赞同避世。他心仪的人物,是这样的长老:"我们劳作以自食其力,而不乞讨;我们投入安拉的世界,而不拒斥;我们为爱恋和沉醉而愉悦……"(《忠告》)生活曾以"绝色美女"的形象出现,她对劝诫者的劝诫是:"不要拒绝我,以免为错失大恩惠而遗憾终生。"(《劝诫的人》)生活不高高在上,不鄙薄人间烟火。长老让女子选择:"你面前有两条路:一条是贞节与天堂之路,一条是爱与生育之路。"她羞怯地笑道:"伟大的主为爱与生育预备了我,我不可违背他的旨意。"(《选择》)生活不仅意味着享受,更意味着创造和工作,"我宁愿一年到头劳碌不停,也不愿有一个月的赋闲。"(《我们的天性》)生活中人人都应恪尽本职,放下手头生意去追求美人的人,被拒之门外,因为美人"不欢迎那些丢下市场上的营生而前来的慕求者。"(《选择》)

爱意味着讴歌、弘扬一切美好的价值:"谁失去信念,就失去了生命与死亡。"(《喜剧与悲剧》)"当人正确地行使其自由时,便是他最靠近主的时候。"(《自由》)"恶从四处包围了人类,人类便在八方创造出善。"(《本源》)"至强的强者是宽恕者。"(《宽恕》)信念、自由、善、宽恕……这些我们耳熟能详的词语,经过哲与诗的锤炼,显得那么意味深长。正是凭借这些价值,人得以完善自身,改革社会。

爱,还意味着批判精神和忧患意识。真正的爱者有博爱的情怀,爱一切人,但不是爱人的一切,不会爱人的罪孽。马哈福兹在其漫长的文学生涯中,从未停止过对社会黑暗的揭露,对人的丑陋思想与行为的抨击。反对虚伪、野蛮、贪婪、专制、腐败、愚昧是他众多作品鲜明的主题。

在《自传的回声》中,《寻找》讽刺了打着安拉的幌子以行不义的盗贼,《赞美》谴责了失去理性、以恶报恶的狂人,《疑问》影射了专制统治对思想的禁锢,《伊兹拉伊》刻画了暴君虚伪的嘴脸。马哈福兹还强调知识分子的社会责任感,主张介入社会,他本人便是一个介入式的作家。20世纪70年代初,他曾和一些著名作家联名上书萨达特总统,敦促他采取果断行动结束与以色列"不战不和"的局面。70年代末,他以民族大义为重,勇敢地支持受到众多非议的"戴维营和平协议"。他还经常就国内外大事指点江山,臧否人物,晚年对穆巴拉克总统褒扬有加的同时,也坦率指出他的若干政策失误。他还有先知一般的洞察力,能敏察黑暗势力的滋生和蔓延,并以艺术的形式预言社会危机的来临,因而屡屡得罪当权者和利益阶层,曾几度险遭不测。他对国家民族强烈的忧患意识,在《魅影》中得到最生动的写照:夜阑人静的时刻,为熟睡的城市而警醒不眠的"我",发现眼冒凶光的骷髅如魅影一般向着城市蠕动;于是,"我颤抖地揣测:我的沉睡的城市在白天会遭什么凶险……"

爱,对于马哈福兹而言,还是一种神秘的圣爱。马哈福兹不是苏菲信徒,因为他不可能像他们那样拒绝生活;但苏菲的智慧,其对个人感悟的重视,对高尚精神生活的追求,还是深深吸引了他。对他而言,"苏菲是一片美丽的绿洲,我得以在那里歇凉,躲避生活的酷热。[①]"苏菲信徒对安拉的探寻与发现,被他赋予了求索人生意义及人类最高理想境界的含义。寻找与发现,是他后期作品中屡屡出现的主题。寻找与发现的对象,则以老祖父(《我们街区的孩子们》)、父亲(《道路》)、圣徒(《宰阿贝拉维》)、珍珠(《珍珠》)、美人(《海滩上》)等形象作为象征。在《自传的回声》后半部分,一位虚构的苏菲长老"迷失者阿卜杜·拉比希"以智者的形象出现,马哈福兹既借助他传达自己的大慧之言,又让他引领我

[①] 转引自李琛《阿拉伯现代文学与神秘主义》,社会科学文献出版社2000年版,第170页。

们窥睹神秘而迷人的苏菲世界。"他们未经中介便进入我的心灵。他们的交谊神奇,他们的声音甜美,这地方宁静而迷人,散发着芬芳。"(《结识》)而梦境或幻觉中与神的几次相会(见《我的美女子》《邂逅在深夜》《解脱》),更笼罩着浓郁的神秘氛围。然而拨开神秘之雾,我们仍可感觉到,苏菲心中——也是马哈福兹心中——的神,已不是传统教义中令人敬畏的对象,而更是一种爱的对象。

《自传的回声》是马哈福兹对自己饱经沧桑一生的总结,是他彻悟人生后智慧的结晶。熟悉他文学生涯的读者会发现,他许多作品探讨的主题,都在这部书中以更凝练、更艺术的形式重现。正如他所言,他在写作此书时赋予了自己相当的自由。因此,这不是一部严格意义上的个人自传。但恰是这份自由,使这部马哈福兹的"准自传"成了一部"人"的传记,因为它让我们领略了人生的全景:从孩提到青春,从成熟到衰老,人间的爱与憎,善与恶,苦难与幸福,梦幻与现实,生与死的搏斗,灵与肉的较量,谋生的艰辛与追求的执着,都浓缩在这不长的篇幅里。无论是那些平淡中寓深意、寻常中藏机锋的段落,还是时时掠过眼帘的诗意盎然的篇什,都能让人生发无穷的冥思与遐想。既然神秘的人生那么变幻莫测,这位金字塔之乡的智慧长者,也给我们出了许多许多斯芬克斯之谜;而在猜解谜底的时候,我们也在认识人生。《灯光》中,"编剧站在远离灯光的角落,仔细听着、看着,谁也没有注意他"。人生如戏,冥冥中不也有操纵人命运的"编剧"吗?《任务》中,母亲让我去邻居那儿取寄存的东西,这"寄存物"莫非就是生命?是神——或是大地母亲——寄托在人世(即邻居)、又必将收回的生命?因为,"你本是尘土,仍要归于尘土"[①]。而那位"客人",他的到来让"父亲打发我去远处玩耍","等我回来,却发现家里空无一人"。(《客人》)他多么酷似那让一切生命销声匿迹的不速之客——死神……

---

① 《旧约·创世纪》第3章第19节。

马哈福兹在诺贝尔奖颁奖仪式上曾经说过，他的灵感，来自哺育他的两大古老文明：法老文明与伊斯兰文明，来自他对西方"丰沛而迷人的文化美酒的畅饮"，也来自他个人的渴求与探索。正是凭借深厚的文化根基及自己的勤奋与天赋，暮年的马哈福兹依然文思不竭，奉献出了《自传的回声》这样高品位的文学，表现了奋发进取的智慧人生观。他的智慧，既含现代的悲剧意识，又具古典的积极人道主义精神。他的追求与理想，困惑与忧患，他思考探索的社会文化语境，他作品中蕴含的平易道理与东方式的睿智，都能引起我们中国读者的共鸣，并足以让我们受到人生的启迪。南非作家纳丁·戈迪默女士对《自传的回声》的赞叹，最适于引为本文的结语——她在为此书英译本所作的序中写道：

"智慧已摆在我们面前，摘取它吧！"

译　者

自传的回声 / 001

附录　马哈福兹谈话录 / 239

自传的回声

祈　祷

我还不到七岁时，就曾经为革命祈祷。

有一天早晨，我由女仆陪着去上学。我走着，好像被人押赴监狱一般。手里拿着作业本，眼中露出忧愁，心里盼望着出点乱子。寒风吹来，刺痛我短了一截的裤筒下面几乎裸露的小腿。校门关闭着，工友扯着大嗓门说："今天有游行，又停课了！"

一阵喜悦袭上心头，几乎让我飞抵幸福之岸。

我从心底里祈求安拉：愿革命永远进行下去！

哀 悼

死神第一次降临我们头上，是我祖母去世的时候。那时候死神还是新客，我从未见过它这样擦身路过。虽也常听人们说起，死不可避免，但在我的真切感觉里，它遥远得犹如天空远离大地。现在恸哭声攫走了我的安宁，我知道，死神趁我们不防时溜进那间屋子，那祖母曾给我讲述最美好故事的地方。

我觉得自己是那么渺小，而死神是那么庞大。它的气息在每一间屋子里游荡，所有人都记起了它，都在谈论生死命数。

我受不了这般纠缠，躲进我的房间以求片刻的清静。突然，房门打开，那个梳着又黑又长辫子的漂亮女孩走了进来，关切地悄声对我说：

"别一个人待着。"

我的心猛然狂乱起来，一股力蹿起，我简直要发疯。于是，我一把抓起姑娘的手，紧贴在我充满忧伤和恐惧的胸口。

一笔老债

童年时,我有一次病了好几个月。周围的气氛立刻有了惊人的变化,家人待我的方式也大不相同。令人恐怖的世界远去了,我得到的是关怀与慈爱的怀抱。母亲与我寸步不离,父亲出入家门时都要看望我,哥哥姐姐们给我送来礼物。没有了训斥,没有谁因为考试不及格责骂我。

康复以后,我非常害怕重回地狱。于是,我焕然成为一个新人。我决定保持这种温馨与尊严的气氛。如果勤奋就是幸福的钥匙,那我就要勤奋,不管多苦多累。于是,我一次次跃上成功之巅,大家都成了我的朋友和亲人。

我的一场病竟然换得美好的记忆,真是不可多得。

下一次迁职

他热切地说:"我来你这儿,因为你是我最初和最终的寄托。"

老人笑道:"这么说,你是怀着新的希望而来。"

"已确定,下次调动时,调我离开省城。"

"你在此位的法定年限不是到了吗?这可是惯例。"

他央求道:"可现在调离,会损害我和我的家庭。"

"从第一天起我就说明你工作的性质了。"

"说实在的,省城已是我们离不开的家园。"

"你以前、以后的同事都这么说。可你知道调动日期不迟不早,该到就到。"

他伤心地说:"真是一次残酷的经历。"

"你既然知道这是命中注定的,为什么不早做准备呢?"

岔路口

我们全家都称呼她"乌姆贝克"①。至今,我也不知她的本名,只知她是我的姑妈,贝克的母亲。她坐在家中沙发上,戴着头巾,手里攥着念珠祈祷。我每回想多要点零用钱,就偷偷跑去她那儿。每隔很长时间,有一辆汽车在我们小小的屋子前停下,贝克走下车来,他身材不高,但举止威严,不苟言笑。他吻一下他母亲的手,然后接受她的祷告。

这种来访给家里吹来快乐与光彩的气息,贝克有时还会带给我一盒点心。另一个男人每个周五也来看望贝克的母亲,他和贝克像是一个模子刻出来的,但他通常着长袍、穿布鞋,头上戴个小帽,脸看上去有点寒酸可怜。我姑妈笑脸相迎,让他贴近身边坐下。

这位来客让我颇感迷惑。

母亲告诉我,此人一来,我不要去姑妈的房间玩耍。

到最后,母亲还是轻轻地告诉我:"他是你姑妈的儿子。"

我不解地发问:"是贝克的兄弟吗?"

母亲明白地说:"是的,你要像尊敬贝克一样尊敬他。"

于是,他比贝克引起我更多的好奇。

---

① 阿拉伯语中,"乌姆"意为母亲,"贝克"是埃及对贵族的一种称号。"乌姆贝克"意为贝克的母亲。

愉快的日子

那时,我们都是一条街上的孩子,年龄在八岁到十岁之间。他身体异乎寻常地强壮,还经常练举重,肌肉分外发达。他为人粗暴,随便一桩小事,也会惹得他动手打架。没有一天是太太平平、不见斗殴就过去的;也没有一个孩子,不曾挨过他的拳脚。我们的生活中,早早地出现了伤心和痛苦的阴影。所以,当我们得知他要举家迁走时,心里别提有多高兴了。我们真觉得可以开始友爱、平静、祥和的新生活了。此后,还不时听到他的一些消息:他搞了体育,成绩出类拔萃,获得过几次冠军,后来因为心脏病退出了体坛。而今岁月久远,垂老之年的我们几乎把他忘了。

有一天,我正坐在侯赛因区的咖啡馆里,突然见他走了过来,全然一副年老体弱的模样。

他看到我,认了出来,于是笑了。未经邀请他便坐下,显得有些激动,然后开始历数我们分别的年头。

后来,他又询问想起来的那些街坊伙伴,末了,他叹息一声,动情地问道:

"你还记得我们那些愉快的日子吗?!"

遗 忘

这位每天早晨都要出门散步锻炼的老人是谁呢?

他是已退休二十多年的阿拉伯语老师。

每次散步累了,他都要在人行道或是谁家花园的石墙边坐下,扶着拐杖,掀起肥大长袍的一角擦汗。

这一街区的人都认识他,大家也都喜欢他,可很少有人同他打招呼,因为知道他记忆力衰退,感觉也迟钝。而他,也已遗忘了亲朋、街坊、学生和语法。

歌　手

我喜欢这个英俊的小伙子。他站在胡同中间,亮着甜美的嗓音唱道:

"漂亮的人儿来啦……"

很快,女人的身影便在窗格子的后面隐现。

男人的眼里却冒出了凶恶的火花。

小伙子快乐地走了。尾随他的,是爱的呼唤和死的诅咒。

黎明前

她们俩盘腿坐在一张长沙发上，友好和睦地聊天。儿媳妇七十岁，她婆婆八十五岁。她们已忘却了漫长岁月的忌妒、厌恶和仇恨。已故的男人当初可以为别人主持公道，却无法在母亲和妻子之间断清是非，也无法超然脱身。他走了，两个女人第一次有了共同的东西：对死者深切的哀悼。

固执在暮年归于柔顺，理智的惠风自窗户飘进。

而今，婆婆从内心深处为儿媳妇和她的孩子祈祷，祈求他们安康长寿。

儿媳妇也祈求安拉让婆婆尽享天年，别撇下她一人孤苦伶仃。

幸　福

为参加一场葬礼，我回到了阔别已久的老街。

它那金色的形象，已没有了丝毫踪影。

路两旁原先是别墅的地方，建起了许多高楼，路上挤满汽车，尘土飞扬，人流熙熙攘攘。我充满敬意地想起老街当年的风采，想起茉莉花的芬芳。

我想起在窗口闪现的那位美人，向行人发散着明眸之光。

唉，她那幸福的坟墓位于逝者之城的何处呢？

我记起一位智者朋友的话语："初恋，乃是交好运的爱人从中受益的一次练习。"

唱　歌

他在路上截住我,笑着向我伸手。我们握了手,可我还在想:这位老人是谁?

他把我带到路边,说:

"你忘记我了?"

我挺难为情:"抱歉,瞧我这老记性!"

"读小学时咱们是邻居。那时候我嗓子好,一有空就给你们唱歌,你最爱听的是双韵诗。"他对我的记性彻底失望了,只好又同我握了手,说道:

"行啦,我不再打搅你了。"

我心想:瞧这记性,就跟没有似的;不,它简直就是"无"本身!但我以前和现在倒真是爱听双韵诗的。

信　物

　　一朵干枯的玫瑰，花瓣已经破碎，这是我在整理藏书时从一排书后面发现的。

　　我笑了。已逝的遥远的往事绽露出瞬间的亮光。

　　怀念溜出时光之掌，存活了五分钟。

　　干枯的花瓣散发出密语一般的芳香。

　　我想起一位智者朋友的话："记忆的力量显示在回忆里，也显示在遗忘中。"

责 怪

我带着被背叛刺痛的创伤,迷茫徘徊。

我的智者朋友说:"你不是第一个被人抛弃的。"

我问:"年老了也不该受照顾吗?"

他答:"沉湎于老故事的人是幼稚的。"

我站在桉树下,远远地望着游戏场。

她坐在阳台中央,目光里分明含着诱惑。

她并无老迈之态,也没有衰弱的迹象。

她漫不经心的目光扫过我。她的决定不会更改。我将独自回去,像开始的时候一样。

提　醒

我坐在临时搭的帐篷里,等待为死者出殡。
对已逝岁月的回忆笼罩着我们。
那个时候的人们一个个出现了。
当初,他们中任何一人走路,地面都要抖一抖。
而今,老迈的他们已销声匿迹,再无人提起。
他们的后代来了,连脚下的土地也要向他们弯腰致敬。
他们坚定的目光表明,他们拥有这大地和时光。
最后,尸匣架到肩上,越过所有人,过去了。

令人羡慕的职位

我终于站在办公室主任的面前。我是经过艰辛的努力,并靠了众多贵人要员的说情才走到这里。

他最后扫了一眼我递上去的推荐信,说道:

"推荐人对你评价很高,但我们考试只看真才实学。"

我充满希望地说:

"我完全做好了应试的准备。"

"祝你成功。"

我急切地问道:"何时考试?"

他答非所问:

"你为何谋求这个极为辛苦的工作呢?"

我诚恳地回答:

"没有别的,纯粹出于喜爱。"

他笑了一下,未做评论。

回去的路上,我想起智者朋友的话来:"谁拥有生命和意志,就拥有了一切;而最穷的活人,也拥有生命和意志。"

活的相片

这是我家的一张全家福旧照。

这是我很久以前的朋友们的合影。

我久久地凝视两张相片,沉浸在回忆中……

每一张脸都容光焕发,神情自若,流露出勃勃生机。

没有一丝一毫的迹象表明命运不可卜测。

而今他们都已作古,没有一人幸存。

谁能证实:幸福曾是活生生的现实,而非梦想或虚幻呢?

公　正

我来到一位以果断出名的律师面前。他对我说话真是直率：

"你说你有理，可你的对手也有道理。"

"所以我对他说，让一个我们都信得过的人来做评判。"

"这个年头找不到这样的人了。"

"我有文字证据，法院可由此知道我的清白。"

"那其中或许有假。"

"我百分之百的无辜，这是事实。"

"什么都有可能。"

他又说：

"你发怒的时候不曾威胁过要杀他吗？"

"连他自己也未把我的话当真。"

"可他做了各种预备，去看了墓地，还立了遗愿。"

我失声大笑：

"那他疯了！"

"你应该拿证据说他真是疯子，他的律师还想证明你是疯子呢。"

我大笑不止，律师打断我，说：

"没有什么可笑之处。"

"控告我是疯子，这就可笑。"

"不,而是可悲。"

"为什么,先生?"

"疯狂就是可悲的。"

"反正我有理智,我不把控告当回事。"

"可是,不当回事本身,就可能意味着疯狂。"

我茫然问他:

"难道你怀疑我的理智吗?"

"不是怀疑,我确信:你们长期不和,证明你们都是疯子。"

"可是你准备好了要为我辩护的。"

"那是我的义务。"

律师深深地叹息,又说:

"别忘了:我和你们俩一样,也是疯子。"

历史片段

那是很久以前，有人说他出走或逃走了。其实，他当时坐在尼罗河畔的草地上。月色溶溶，在这肃穆迷人的夜晚，他沉入了梦乡。

夜半时分，他在一片寂静中听到簌簌的声音。只见前面水中冒出一个女人的头，那美貌他平生未曾见过。她是从沉船上逃生的吗？她的美丽与端庄都到了极致。他觉得害怕，想站起来后退。但她温柔地招呼："跟我来。"

他越发恐慌了，问道：

"去何处？"

"去水中亲眼看你的梦。"

于是，他以神奇的力量跃入水中，目光始终没有离开她的脸。

魅　影

做完晨礼，我在空旷的大街上闲荡。有秋风做伴，在静谧的清夜散步真好。走到沙漠的边际，我在一块被称为"孩子之母"的岩石上坐下。

我极目远眺，眼前沙漠的迷宫披着细柔的缁衣。忽然，似乎看到许多影子朝着城市蠕动。我心想："或许是治安人员吧。"但第一个影子已走过我的面前，我看清楚是一具骷髅，眼眶里冒着凶光。

我坐在岩石上，惊恐不已。鬼魅的影子一个个蹑足而过。

我颤抖地揣测：我的沉睡的城市在白天会遭什么凶险……

意外号列车

春天的假日,是娱乐的大好时光。我们一帮学生穿着短裤,站在候车大厅里,人人手拎一只彩色的麦秸篮子,里面盛满了食物。有两条线路、两次列车供我们选择:一条去福利坝①,另一条去向不定,那趟车称为"意外号列车"。

有一个学生说:

"福利坝又好看又安全。"

另一位说:

"去陌生的地方冒险才更有趣。"

我们意见不一。

大多数人坐上去福利坝的列车。

也有少数人前往未定的去向。

---

① 尼罗河上的一座水坝,位于开罗附近。

国王的浴室

有一回,我梦见自己走出国王的浴室,一位女仆挡在面前,唤我去和她的女主人会面。走到半路,她带我拐进她的房间,以便训练我做好会面的准备,而这乃是她的职责。在练习的时候,我耽于其中,几乎将我的目的遗忘殆尽。到了该走的时候,我前往美丽的女主人那里,心里羞愧至极。我垂头丧气、满面愁容地站在她面前。

如此,一场好梦竟变成了梦魇。

一定得出现奇迹,太阳才会重新升起。

惩　罚

　　他见那人如命运一般出现在面前。那人已离开许久了,但现在腰杆依然挺直,眼力也依旧很好。流血的记忆如地震波掠过,最后的几幕,是他那无辜家庭的画面。在家人眼里,那人可是埋头苦干、体面谋生的模范,至于此外的一切,家人一无所知。
　　"我们说过永远分手了。"
　　来客平静地说:
　　"凡事总有例外。我现在面临破产的危险。"
　　他心想:敲诈的洪水是从一点一滴开始的。
　　"我们曾是伙伴,我的遭遇也是你的遭遇。"
　　来客说:"绝望的时候我要说:安拉让我和对手同归于尽吧!"
　　他牵挂的是他的家庭,即使为之自杀也在所不惜。

说　笑

　　她茫然枯涩的眼睛看着我,眼神里有着哀怨,想要说什么,但舌头已不听使唤。

　　我送她回家,回她空空如也的家中。

　　皮肤上满是划伤,瘦骨嶙峋,屋子里弥漫着死亡的气味。

　　妇人啊,你曾说过那么多令人难忘的笑话!

　　我的童年满载着你的温馨的玩笑。

　　那时你没什么毛病,就是太爱说笑。

　　唉……是啊,太爱说笑而已。

一生的机缘

我在太阳伞下面与她邂逅,她看着孙子,看他在地中海的沙滩上砌沙子宫殿。

我们热情地互致问候。我在她身旁坐下。在岁暮之伞的遮蔽下,两个老人平静地坐着。她突然大笑,说:

"我们都这把岁数了,没什么难为情的,我给你讲个老故事吧。"

她讲起了故事,我茫然听着,一直到她讲完。

然后我说:"一个一生的机缘错过了,多么可惜!"

未写的信

一年之内，我先是听说胡麦姆升任亚历山大高级法院院长，后来又从报上获悉，厄杜班先生因杀死舞女被判死刑。我、胡麦姆和厄杜班是童年的朋友，厄杜班有一副好嗓子，又爱说些黄色的奇闻逸事，所以是令大家兴奋的焦点。不满九岁，我们就分了手，各奔东西。以后我从亲朋那里得知，胡麦姆在司法界工作。而娱乐小报也偶有厄杜班的消息，因为他在夜总会做了保镖。

说实在话，厄杜班被处死的消息对我震动很大。我搭着沉思的翅膀，飞回到遥远的岁月。我想给胡麦姆写封信，说说我的伤感和愁绪。于是我着手动笔，但中途作罢，提不起情绪。我想，或许他已忘了那段日子和其中的人事，或许他早已不在乎这份感情了。

最后一次看望

要不是阿卜杜勒·戴伊姆先生，每一个到老城的外地人都会迷路。他在穆阿兹咖啡馆接待外来的客人，为所有人排忧解难。阿卜杜拉就是这么一个外来人。

他刚到不久，阿卜杜勒·戴伊姆就给他找了个门房帮手的差事。吃住不愁了，他高兴得谢天谢地。阿卜杜勒·戴伊姆又教导他：为人须要持重，做事要有运筹。后来，又介绍他和一位良家女子成亲。起初，他时常去咖啡馆看望，感谢阿卜杜勒·戴伊姆的恩情善意。后来忙于差事，又要养儿育女，他去看望的次数渐少，最后干脆断了联系。再往后，他饱尝了生活的酸甜苦辣，含辛茹苦，终于把孩子们拉扯成人，由他们各奔前程。现在他上了岁数，觉得该到停歇的时候，不想再去费心烦神。有了闲暇，他想起阿卜杜勒·戴伊姆先生，心里非常惭愧、懊悔。他决定去看他，心里祈求安拉保佑他依然健康硬朗。他前往穆阿兹咖啡馆，做好了道歉并请求宽恕的准备。到了那里，他一眼就发现咖啡馆已经翻新，里面的装饰、服务和顾客都透着洋气。他找的人不见了，而且谁也没有听说过。这时出来一位呆滞的老人，拿着念珠和香料。只有他还记得阿卜杜勒·戴伊姆，知道他家住伊玛目区，其余不详。阿卜杜拉寻人心切，这点儿困难不在话下，于是马上前往伊玛目区。驱策他前行的，是强烈的报恩念头。他决计一去不返了。

仁 慈

屋子已经残老,夫妻两人也是如此。

他六十岁,她七十岁。

三十年前,爱情把他们聚在一起;后来,又和各式的希望一样,爱情抛弃了他们。

要不是穷苦窘迫,鸟儿就从笼子里逃走了。

他苦于对生活有太多贪心,她却因为恐惧而受苦。

他买彩票以慰藉自己的白日梦:说不定……

每买一张彩票,他都念念有词:"仁慈的主啊!"

于是妻子惶恐的心里就开始打鼓,她也默默念道:"仁慈的主啊!"

寻　找

傍晚,他前去坟地,他和朋友们惯常在那里谈天说笑或埋怨诉苦。有一人问他:

"今天忙下来怎么样?"

他无精打采地说:

"和往常一样呗。"

又一人说:

"你把时间浪费在那帮混蛋身上了。我们有致富的捷径。"

他愤愤而道:

"那也是去牢房的捷径!"

那人讥笑说:

"安拉必定不改变任何民众的处境,除非他们改变自己的处境。"[1]

---

[1] 此语出自《古兰经》雷霆章第11节。

问与答

老翁问老妪:"恕我冒昧,我终生的朋友:你为何自甘堕落呢?"

她闷闷而答:"我应该向你道出真相:原先我出卖爱,获得过厚利,到后来我却赔了血本购买它。对这个恶毒而蛊惑人的世界,我真是没有办法!"

应　答

在一次政治辩论中,一位议员向大臣发问:"你能给我找出一个纯洁而未受污染的人吗?"大臣应答道:"有啊。比如说:儿童、白痴、狂人,等等。所以这世界依然平安无事。"

一分钱

　　我觉得自己像是在路上徘徊的儿童,手里拿着一分钱,但已忘了母亲要我买什么了,怎么想都记不起来。但可以肯定的是,我出门要买的东西最多就值一分钱。

含泪的笑

我对他说:

"赞美安拉!你圆满地完成了使命,拔掉了时光猛兽的毒牙,带你全家到达了安康之地。往后来日不多,你应该愉快地安享晚年了。"

他用怀疑的目光看我,问道:

"你还记得我们最初那些纯洁无瑕的日子吗?"

我读出了他的烦恼,说:

"那段日子已经一去不复返了。"

他无奈地说:

"我唯一的朋友啊,在成功和富裕的荣耀时刻,我时常为丧失的尊严而哭泣呢!"

对　话

父亲回到家中,发现孩子们都在等他。他愁容满面地掏出钱包,嘟囔着:

"这年头的父亲都是烈士。"

孩子们一言不发。

然后他们如烈士一般四散而去。

乞求者

　　他遨游在往昔的大海里,一排暗色的浪把他淹没,浪涛的回声扩展为忧伤的曲调,久久不散。

　　他那时年方二十,他的女仆已经五十开外。

　　她留给他关爱和慈母般的记忆。

　　在他天真地独处之际,从燃烧着欲念的世界里,降临了一些念头。

　　发光的眼睛里流露出热切的呼唤。

　　一丝羞愧、几分恐惧,抑制了他的念头。

　　然后悔恨随之而来,他乞求遗忘。

孤　独

  那丑陋的一幕在她记忆里摇曳着,挥之不去:在那一幕,军官蛮横的巴掌落在她病弱父亲的脸上。她对父亲有几分爱和崇拜,她对一切——自己周围的世界——就有几分抗拒。后来她上了岁数,依然一人独处。这世界从缝隙里,哀怜地偷眼看她。

生　日

　　多少次，他漫无目的地行走着。疲惫了，他停下歇脚，但他仍不停地轻唤那些恒定的和运动的事物。

　　到这一年年底，他将年满三十周岁。

三十年后的询问

在离开谢白勃区二十年之后,我因故又路过这里。眼前新楼林立,车马喧嚣,要不是已沉睡的感情在心头翻腾,我几乎认不出来了。我的眼光落在一座保留着原样的老房子上,微笑掠过我的灵魂和肉体。现在,她独自一人,该有八十高龄了。我们最后一次邂逅,已是三十年前,那回她告诉我,她的独子要移居国外,不再回来了。我打着阳伞,走到门口,踌躇了一下,还是按了门铃。门打开了,露出一张陌生女人的面孔,我有点局促,赶紧问道:

"萨米娅夫人不住在这儿吗?"

她立刻回答:

"我们已在此住三年了。"

我尴尬地离去。走在路上,我自言自语:她到底在哪儿呢?住在别的街区吗?或是也去国外找儿子了?或许她已离开我们这个世界了,我们虽然亲近,却不知不晓?这,竟然就是充满火辣辣感情和梦想的那段往事的结局吗?

这一年,我在一次葬礼上见到她家族的亲戚,我问他们中的一位:

"你知道萨米娅夫人的情况吗?"

他竖起眉毛,吃惊地说:

"我想她还是住老房子呀!"

过去的脸

  我梦见了奈芙赛太太。在过去了七十多年之后,你怎么样了?你当初仪容姣丽,肌肤白皙,还有着一头云鬓。从你家能俯瞰尼罗河,我们常去做客,在那里我曾度过最幸福的时光。从房间的窗口,我让目光潜入宁静的水波,任它遨游到遥远的河岸。

  梦中残留的,只有你的脸庞和我的疑问:天晓得她还活着吗?

  而梦里的细节,却在我醒后消失殆尽了。

雨

雨,把我们赶进一座老宅的门廊。外面大雨如注,雷声隆隆,里面暮色晦暝。我们在狭窄的门廊相对而立,我们之外,就只有楼梯和我们暗中的念头了。我心想:"好一个女郎啊!"

她望着凉飕飕的雨空,有点儿局促却又不失风度,好像在自言自语:

"这雨说来就来,太没准了。"

我心神不定,说道:

"这是赐给众生的天恩。"

报时人

  他总是靠我很近,须臾不离我的视线和想象。他注视我的目光平静而有力,脸上却毫无表情,从不分享我的悲欢。时不时地,他看看自己的时钟,示意我像他那样去做事。有时我厌烦他,可他只要离去片刻,我就会痛感失落。我生活中遇到的一切劳碌与安逸都由他造成,是他令我向往一种没有钟声响起的生活。

女 巫

在我独处的时候,她如同盛开在鲜绿枝头的玫瑰一样来临。那风华岁月的记忆流动起来。我为时光的飞逝而怅惘。我向智者朋友诉说了一些遭遇,他听完后说:

"这世界带给你的温暖和欢乐,你否认吗?"

我列举了众多的幸事,感激好施者安拉的恩惠。

他说:"所有这些幸事都是她绝情的结果。"

沉默了片刻,他又问我:

"你还记得她逼近时的刺激吗?"

我回答:

"枣椰树下欣然的一瞥。"

"还记得那滋味吗?"

"比一切好运都更为甜美!"

他淡淡地说:

"所以我告诉你,这就是生活的奥秘,是生活之光辉。"

开辟道路

那一次,我靠在一条小街的墙上等待,街上店铺林立,人头攒动。那段时期,我饱受困惑的折磨,面对八面来风,不知所措。一股隐秘的力量把我引到某个地方。这时,我见到一位儒雅的长者,眉宇间透着慈祥。

他向我走来,靠近我身边,轻声说:

"她一文不值。"

我知道他识穿了我的困惑,要我中断关系。

我四肢发抖,心头怦怦乱跳。

诱惑化为一个我从未见过的绝色美女,向我呈现。

但我犹豫着。

恰在此时,我妻子拿着商店里买回的文具,牵着三个孩子,回家了。

我从迷糊中惊醒。于是,我一把抱起最小的孩子,率领着全家。在这熙攘的世间,我要为我的家开辟道路。

预订车票的人

公交车从宰意屯开出,与此同时,家住哈勒旺的一个男子也驾车出门。

两人都变换了一下车速,一个加速,一个减速,或许还根据路途情况停了一两分钟。

但两辆车同时到了车站广场,还轻微地撞了那么一下。一辆公交车的车灯碎了,另一辆车前面蹭掉了漆。

有一个人路过,恰好夹在两辆车中间,倒地死了。

他当时正穿越广场,去预订一张开往上埃及的火车票。

男人的秘密

我们正坐着,他过来了,叫道:

"来啦,来啦,必来无疑!"

说完,他一溜烟儿地离去。人们只记得他衣履破碎,只记得他漫不经心的眼神。

不幸发生了……

有些人就说:"他是一个圣徒。"

另一些人说:"他不过是个傀儡。"

礼 物

在孤单无力的老年,思虑像香料的芳香一样散溢。

他对埋头礼拜的朋友说,像是在道歉:

"我的一生,虚掷在纷繁忙碌的家事与公务中,因而没抽出时间礼拜。"

当天夜里,有一个人在梦里送他一朵白玫瑰,并在他耳边低语:

"唯有真诚的礼拜者才配得上这份礼物。"

金色的坟

我在梦里见到一座金色的坟,坐落在大树的荫下,树枝上栖息着会唱歌的夜莺。

坟头用漂亮而清晰的字体刻着铭文:

"祝愿诞生在遗弃的熔炉中的人快乐!"

信

有一天,我发现脚底下踩着一朵玫瑰。花颜依然鲜活,我把它捡了起来。

噢,绿色的枝头还用白线拴了一张叠起的纸。我好奇地打开,上面写着:"来吧,你会发现我就如你爱的那样。"

我莞尔而笑,心里猜想:这封信怎么投错目标了?为什么会掉在地上呢?

我在各种假设和可能的谷地徘徊了片刻,但我赞美起这个爱的源泉未告枯竭的世界。

我呼吸到了遥远往昔的气息,心跳不禁加快起来。

一下子,我超越了原先的踌躇。

我决定现在就做准备,以便在这辽阔的城市里有我的葬身之所。

召　唤

有时候，他以好脸待我，以温柔的目光注视我，对我低声说：

"抛弃一切，随我来吧。"

有时他在我极度沮丧的时候见我，有时在我无比快乐的时候见我，且总能祛除我胸中的得意和忤逆。

我们双方都不曾失望过。

被期待的

在孤独、多虑的老年,蔷薇水会自其中滴落。

被期待的许诺之气息盘桓着。

冷不防门铃响了,女邻居请求进来,融入了我正陷入其中的幻境。于是我相信,她就是被期待的许诺。

潜　水

在一个月蚀的夜晚,他从隐蔽在黑色隔膜之后的苦难中,感到一份忧愁,于是万念俱灰,对一切都不再存有兴趣。医生一筹莫展,只好劝他去个偏僻的所在,换个环境,变换一下心情。他未抱任何希望去了,在那里的海滩徘徊。忽然,他见远处遮阳伞的下面,坐着一位半裸的女子,美貌非凡,神态安详。他一下子被吸引过去,心中的忧愁和孤独也顿时消散。他感到那女子虽无言语举动,却在欢迎他的到来,不禁大喜。那女子站起,朝水中走去。他也脱下衣服,尾随而往。两人一起潜入水中,并未回望身后一眼。

忏　悔

妖冶的美女从我面前走过，扭动着腰肢，嘴里哼哼唧唧，但我目不斜视。

在这乏味的一刻，我享受到弃绝红尘的高傲和抵御世俗诱惑的自尊。

一个月色溶溶的夜晚，我恢复了本性。

我尾随着妖冶的美女，又担心受她的惩罚。可她却以笑脸对我，说道：

"愿你交好运，我接受忏悔。"

赞　美

　　光天化日之下，小巷里挤满了男女老少，两旁的店铺都在张罗着接待顾客。

　　在这光天化日之下，一个弱佬被一个强梁大汉打死。

　　人们目睹了罪行，避之不及，躲进了惶恐之塔。

　　没有一人敢于做证。凶手扬长而去。

　　一个浪子也目睹了事件，但没有人向他询问，因为大家对他的呆傻深信不疑。

　　浪子气愤得咬牙切齿，他决定报复所有人。

　　于是，一有机会，他就杀一个男人或女子，嘴里还在赞美安拉。

忠　告

我们有个邻居，是个忠诚的信徒。每个礼拜四的晚上，他都请来长老，举办礼赞和诵唱的晚会。

应邀的客人们在地毯上盘腿而坐，我和一帮孩子站在他们后面。礼赞令我们神怡，诵唱令我们心悦。

有一次，信徒中的一人问长老：

"我们见你气宇轩昂，精神矍铄，乐饮而好食，怎么不似别的苦修者呢？"

长老以所有人都能听到的话音答道：

"我们劳作以自食其力，而不乞讨；我们投入安拉的世界，而不拒斥；我们为爱恋和沉醉而愉悦；我们在沉思和礼赞中做夜间的神游。"

盖德尔之夜①

我们用鲜花装饰客厅。花香从窗口逸出,飘到了路上。我们做了足以娱悦耳目、大快朵颐的种种准备。

我们和别人一样,希望长老光临做客,与我们共度盖德尔之夜。

父亲在埋头诵经,我在窗口门前来来回回,不亦乐乎。

忽然,静默的夜里,传来一位邻居家响起的欢呼声。

我们默默地交换了忧伤的眼神,父亲叹道:

"命运仍然不想冲我们微笑呢!"

---

① 据伊斯兰教传说,安拉在伊历九月的一个夜晚首次将《古兰经》降示给穆罕默德,这一夜称为"盖德尔之夜",后成为节日。节日之夜,苏菲长老常去一位信徒家庆祝,长老光临被信徒视为莫大荣幸。

黎明时分的低语

在我生命里一段关键的日子,当爱情让我登上迷茫和相思之巅,我在黎明时分听到了一句低语:

"祝你愉快!快要告别了。"

我伤感地闭上眼睛,却看见为我出殡的队伍正在行进,我走在队前,手执一只斟满生命醇酿的大杯。

离 去

当我参加了他的葬礼,我才意识到他已真的死去。
凳子上坐满了吊唁者,不断有人念诵《古兰经》。
邻座的人都在交谈,有各种各样的话题,却没有一人提起死者。
真的,亲爱的,你已经离开了这个世界,这世界也离你而去喽。

悔之莫及

她拥有的每一样好东西,都未对我吝啬过。
于是,我畅饮甘美的源泉,直至酣足。
可是,得恩惠而生的骄矜,或许会戴上厌倦的面具。
我的失望,表现为我对离别感到高兴。
于是,在我的漫漫长途中,懊悔时时与我相随。
直至今天,她的尸骨依然带着嘲讽看我。

笨女人

她是个蠢笨的女仆,人们叫她老婆子。女主人已年过六旬,单身一人。有时候,欲望之足的踩践在这宅子引起一些骚动。这骚动也蔓延到笨女仆的心里,她闷闷不乐起来。女主人怜悯地问她:

"你怎么啦,老婆子?"

她烦躁地回答:

"我要走了。"

女主人吃了一惊,又问:

"你要抛下我独自一人吗,老婆子?"

她厉声说:

"你不是独自一人,婊子!"

纯　净

老妪身披白袍,面罩绿纱,在市场走路,见一男子东张西望,她便问道:

"你在寻找什么,汉子?"

他不耐烦地回答:

"我在寻找纯净的水。"

老妪的话里带着责备:

"没有什么比女人的汗水更纯净了。"

生 命

有一天,为生活所迫,我成了拦路的劫贼。一个月黑之夜,我第一次下手,截住一个过路人。

那人颤抖不已,吓得半死,苦苦哀求道:

"把我的一切都拿走吧,只求你不要伤害我的生命!"

从那时起,我和我的灵魂就一直围着生命的奥秘盘旋!

在高大的房间里

我梦见自己在一间又高又大的房间里,里面空空如也,只在中间摆了张圆桌,桌旁正对着放了两张椅子。我和好朋友各坐一张椅子,两人面前都有一杯咖啡。房间的一侧,是一间极黑的屋子,我不知那里面到底有什么。

朋友说:"我们应该完成任务。"

我应和着:"对,务必要完成它。"

突然,朋友站了起来,走向黑屋,消失在里面。他走后,我发现咖啡也从桌上消失,我便喊他。

没有声音答复我。然而来了一位陌生人,在椅子上坐下,他身披的白色斗篷引起我的注意。我虽然不认识他,但心想有人总比没有人好。他在我俩面前各放一只杯子,说道:

"我们为光明与黑暗碰杯吧!"

我端起杯子正要喝,却从杯子里见到消失的朋友的脸,正在注视我。我手一抖,朝对面的人说:

"务必要完成任务。"

曲　子

在第二个梦里，我梦见自己在一间不大不小的屋子里。用来照明的，是从天花板垂下的一盏煤气灯。屋子的角落里，一群男女面对面在垫子上就座，大声说笑着。墙上没有门，也没有窗户，只有一个透光的小孔，而且在墙的上方，我只能从中看到日光在黄昏中渐渐隐去。我极想回家与亲人团聚，可不知怎么办。我问聊天的人们：

"愿安拉赐福你们，我如何从这里出去？"

谁也没有理会我，他们继续说着笑着。孤独占据我的内心。这时，墙上的小孔里出现了一张不很分明的面孔，对我说道：

"送你这首曲子，好好记住。在困难的时候唱起来，你就会消解一切烦恼与忧愁。"

蛊 惑

我在绿门附近散步,看到一个浪子,正凑在一个女人身边。那是个中年女子,身材丰腴,洋溢着女性的气息,目光里含着娇羞。

走近他俩时,我听这女子说道:

"先生,我是个寡妇,和我姐妹一起生活。感谢安拉,我谨守操行,但我害怕蛊惑。"浪子说:"你恪行教功[①]吧。"

"我不曾错过任何一项功课。"

接着她又说:"一有机会,我就听人诵读《古兰经》。"

"那么魔鬼不会碰你了。"

"可我害怕蛊惑。"她说。

---

① 伊斯兰教规定穆斯林应履行五项"天命",或曰"五功",即:念"证言"、礼拜、斋戒、交纳"天课"、朝觐。

战 斗

  我拜谒了侯赛因①的圣陵,回到广场。只见一群人在围观一位舞女和一个吹笛手,舞女手拿棍子,伴着笛声,扭动着腰肢。人们鼓着掌,脸上闪着欢喜和得意的神色。我愤怒了,想着如何驱散人群。但在闪光的一刹那,我见到在时光之域,所有人都争先恐后,向着坟墓趱奔,一个也不曾留下。

  于是,我转过身子,走开了。

---

① 侯赛因(626—680),伊斯兰教什叶派教徒尊崇的英雄,先知穆罕默德的外孙。在伊拉克战死,据说部分遗骸葬于开罗。

灯 光

摄像机架好了,灯光调好了,导演做了开拍的手势。
一对情人相遇,有一段对话。一场戏就此完毕。
离摄像机不远,坐着的发行人对制片人轻声说:
"从今天起她不能再演爱情戏,我对她动心了。"
女演员点起一支烟,放松一下紧张表演的神经。
编剧站在远离灯光的角落,仔细听着、看着,谁也没有注意他。

施舍餐 ①

　　施舍餐的餐桌边坐满了斋客,开斋的炮声一响,他们念起"奉安拉之名",准备就餐。一位绅士喊道:"心术不正的人,不许吃我们的饭!"
　　有个汉子哈哈大笑,惹得人们都看他。
　　他收敛笑声,说:"我有更好的食物,请听我道来!"
　　人们埋头吃饭,并且嘲笑这汉子。
　　肚子鼓了起来,眼皮沉重起来,大家微微打起了盹,梦见一个神奇美妙的世界。醒来后,他们去找刚才大笑的汉子,却已不见踪影。
　　他给每人心中都留下了烦恼……

---

① 在斋月里,富有的穆斯林常在家里设开斋饭局,邀穷人聚餐,称为"施舍餐"。

台　球

我在一间摆着台球桌的咖啡馆角落里坐着。

有一个人兴冲冲走来,自己玩起了台球,一会儿掷球,一会儿击球。

我客气地对他说:

"我能和你一起玩吗?这样更有趣。"

他一眼都不看我,就说:

"我独自玩,别人看着,这才有趣。"

我环顾四周,只见所有顾客都已酣然入睡。

珍　珠

在梦里,一个人走近我,递给我一个象牙匣子,说:"收下这份礼吧。"

醒来时,我发现匣子就在我的枕边。

我茫然打开匣子,里面有一颗榛子般大小的珍珠。

时不时地,我把珍珠拿给朋友或专家欣赏,问他们:

"这颗奇异的珍珠怎么样?"

他们摇摇头,笑着说:

"哪来珍珠,匣子是空的呀!"

我亲眼见到的东西,他们却矢口否认,我感到惊奇。

至今仍然没人相信我。

但我内心并未绝望。

邂 逅

我们邂逅在雕像下面。我停下脚步。他在微笑,我惶恐不安。

我毕恭毕敬地同他握手,以示敬意。他问道:

"近来如何?"

我客气而羞怯地说:

"还好,感谢安拉。我会铭记您的恩惠。"

他又说,口气里不无淡淡的责怪:

"你能自立,很好。可你似乎把我忘了。"

我惭愧地说:

"我不想给您添麻烦而已。您是不可缺少的。"

我们分别了。他勾起了我的伤感。我想起与他共度的漫长岁月,那时,他是我生活中的一切。我想起他对我恩惠有加的日子,也忆起另外一些境遇,忆起他的简慢、冷淡以及漠不关心,这一切让我无法理喻。

尽管如此,我还是把这次见面视为一次幸福的邂逅。

渴　望

那时我在旷野见到他。他独自把玩一管箫笛,对着悠悠的天地吹奏。

有一天我对他说:"真应该让人们听到你的笛声。"

他愤愤而答:"他们在忙于吵架和啼哭呢!"

我鼓励他:"每一个人都有渴望旷野的那一时刻。"

灾　难

她在一生中，从未拒绝过别人一次请求，也未忽视过一个暗示。
她总是响应着欲望的召唤，毫不考虑代价。
有人警告她，要她当心以后的恶报。
可她对宽容而仁慈的安拉坚信不疑。

结账时刻

一个相貌平平、面容困倦的男子,在小饭馆里默默而快意地用餐。
结账的时候,食客对店主说:
"很抱歉,我身无分文,可刚才我真快饿死了。"
店主愕然无语,不知所措。
他似乎极力要把此事当作秘密,不让任何人知道。

无　意

　　像小鸟儿一般,他们在父母的身边玩耍。房子很小,家境不佳,但他们从未奢望过比眼前的快乐更为快乐的时光。在一个夏日里,酷暑加上潮气,令人难耐。"小鸟儿"中的一位叫了起来:

　　"唉,秋天什么时候才到呀!"

　　他在远处观察他们,自言自语地说道:

　　"你们为什么要浪费眼前的好日子呢?"

记忆的玩笑

我见到一个巨人,肚子可以容纳海洋,嘴能一口吞下大象。我惊讶地问道:

"先生,你是谁?"

他感到奇怪,答道:

"我是遗忘。你怎么把我忘了?"

莱伊拉

在争斗、盘算的白昼里,当太阳高照之时,莱伊拉风姿绰约,秀色诱人。

有人说:"她是个很开放的前行者。"

另一些人说:"她不过是个浪荡的女人!"

当夕阳西下、争斗与盘算也退居为影子时,有的人迁往辽阔的安拉的世界。

若干年后他们回来了,每个人都夹着一只金罐子,里面盛满了臭名声。

莱伊拉大笑不停,嘲讽地问道:

"今天你们怎么评说浪荡呢?"

修　辞

教授说:"修辞是奇妙的。"

我们深以为然,竞相举例加以证明。

幻想让我神驰,遥远的往昔在天真地盘桓。

我想起一些普普通通、谈不上什么分量的词语,比如:你呀……想什么呢……行了……你这个滑头……

可是,这些词语却有奇异而朦胧的魅力,令一些人痴迷,让另一些人沉醉于难以言述的幸福……

歌 乐

那真是好时光,充满歌乐的时光!

金嗓子引吭高歌,喜悦如馥郁的芳香,弥漫开来。

歌乐响起之时,一位美女降临了,为纯洁的心灵所钟爱。但人们只在歌乐的世界找到她的踪影……她把歌乐之心当作居所,须臾不离。

海滩上

  我发现自己在沙漠与大海之间的海滩上,感到一种近乎恐怖的孤独。一会儿,我茫然的目光看到一位女子,在不远不近的地方站着。我看不清她的面容和神态,但我却有一种期望,愿自己能在她那儿感觉某种亲近,或者获得知识。我向她走去,但我们之间的距离并未缩短,也看不出何时能赶上。我用各种各样的名字和称谓呼唤她,但她没有停下,也未回顾。

  黄昏来临,万物渐次隐去,但我并没有停止期望、追赶和呼唤。

沉醉的奥秘

　　我梦见自己从一场酣睡中醒来，闻到一位绝色美女温馨的气息。她含情脉脉地注视我，在我耳边低语：
　　"将绝妙沉醉的奥秘赋予我的那一位，是无所不能的。所以你永莫绝望。"

陶　醉

人们都说他无所不知，有一群人前往拜访，在路之一隅见他坐在椅子上。

一位好心人出面说：

"没有时间提容易的问题，快拿出你们的难题问吧。"

于是，大家果真抛出各种各样的难题。

然后是一片深深的寂静，大家都等着听自己的问题的答案。

我没看见他的唇在动，也没听见他嘴里发出任何声响。

我从人群中离去，而他们正听得如痴如醉。

想　起

　　我们街区赶集的那一天,一位裸体女子从人群中穿过,她高傲地扭搭着腰肢,其魅力几乎能让岩石熔化。

　　人们中止了买卖,站起身子,惊讶地目视。女子走到前方拐个弯,顿时不见了。人们从惊愕中猛醒,一下子疯狂起来,他们冲到拐角,四处寻觅,却未见女子的踪影。

　　每当想起这位女子,悲伤就要在他们心头啃咬。

后　悔

汹涌的生活之浪把一位女子抛掷到我面前。我一见她,胸头就翻涌起青春的回忆。当刚见面的拘谨融化在热烈的回忆中时,我问她:

"你还记得吗?"

她嫣然一笑,代替了回答。

我鲁莽地说:"在后悔之前,应该还能记得。"

她问我:"你觉得那怎么样?"

我热切地说:"和思念一样,带着痛苦。"

她轻轻一笑,然后低声说:

"确实如此,至仁至慈的主啊!"

决 斗

在少不更事的年代,我和一位朋友闹了别扭。愤怒的洪水淹没了友情,他叫我到荒地里去决斗,省得有人过来调停。我们挥拳抡臂,说去就去,两人很快扭在一起。一场恶战之后,我们筋疲力尽地倒下,伤口血流不止。

我们必须在夜幕降临之前回到城里。

不互相帮助,我们就回不去。

我们必须互相包扎伤口,必须互相搀扶而行。

在踉踉跄跄地行走时,心中的敌意冰释了,青肿的唇边浮起了笑容。

于是,宽恕从地平线升起。

黄昏时的对话

他是我们的邻居,是真正的芳邻贤里。

黄昏时,他身披斗篷,端坐在门口椅子上。

于是,院落具备了一种庄严,树木也平添了一分静美。当天空告别了最后一只飞鹤,他的三个儿子收工回家。

在他们外出朝觐的前夜,他看着孩子们的脸,问道:"往事已矣。你们有何心得?"

老大说:"没有法便没有希望。"

老二说:"没有爱便没有生命。"

老三说:"公正是法与爱的基础。"

父亲笑了,说道:"还必须有一点儿混乱,好让糊涂的人们警醒。"

三兄弟面面相觑,然后异口同声地说:"您老总是言之有理!"

旅　行

受无法抗拒的命运支配,我顺从地前去异乡的土地。

我知道这事情终究要来临,不是明天就是后天。

稍稍等待,不要急切地探究未知。

善良的人们说:"不要害怕,我们在你之前,已走上同样的道路。"

我面前展现出一座花园,秀色盈目,绰约的女子在其间徜徉。

有人邀我唱歌,但我心事重重。

我摆脱了感觉,准备穿越血色的丛林。

我的记忆里,只剩下一些幻影,还有令人窒息的梦魇的回声,一场酷烈战斗的痕迹。

人们说:"你该去左边的园子漫游。"但我的心,却把我引向大路和修道院之间的戏场。我气喘吁吁地到达了。

面孔、皮肤、眼神,一切都已变化。

爱人们迎接了我,他们的周围,传来威严者的气息与响声。

我的心对我说:停息在他的荫下吧,愿永恒的主保佑他。

芳 香

  他往身后注视良久,那里剩下的,只有枯萎的玫瑰、欢娱、清澈的美梦、慈怜的妇人的温馨。
  她已上了岁数,却永不衰老,且不停地祈祷。
  黑暗降临后,他蹒跚而行,将离别的旗帜展开。
  辞行的队伍在蠕动,尚未办完婚礼的新郎悲叹着。
  爱的脸庞消失了,空气里弥漫着馥郁的芳香。

恒定的与变化的

他们去市场了，剩我一人在家。

来了一位扎两条辫子的小姑娘，身上散发着丁香的芬芳。她手里托着个空盘，是她母亲派来做什么事的。

见我母亲不在，她想离去；但我请她等待，她便留下。

购物的人们融化在市场了。鸟儿叽叽喳喳不停，夏来露面，冬临躲起。

为了打发时光，我对她说：

"脱掉一点儿衣服吧，这样更好。"

她羞涩地说：

"等那季节到来吧。"

就这样，时间、地点和相思把我们聚合。

至于时间和地点，则无恒定可言；至于相思，却只会留下忧伤。

任 务

母亲对我说：

"去我们邻居那儿，转告她：把寄存的东西给我们。"

临出门前我问道："寄存的是什么呢？"

母亲欲笑又止，说："不要问与你无关的事情。但等你拿到后，要好生保护它，就当那是你的灵魂。"

我前往邻居那里，转达了母亲的话。邻居伸了个懒腰，说道：

"你先看看我的家吧。"

她让我跟着她，神气活现地走在我前面。时光如河水一般流逝着。

有时候我想起母亲来，我觉得她正在等待。

关于暴风雨

一个风雨交加的夜晚,我失足滑倒,于是到一家药店避雨。我问店主:"暴雨何时停歇?"

他平静地答道:"或许一分钟之后,或许到明天晚上。"

借着店里的灯光,我见一个人撑着一把黑伞,正在外面奔跑。我虽然不认识此人,但觉得似曾相识,确切说来我不喜欢他。店主对他说:"在这样的夜晚,选择平安的人是不受责备的。"

那人没有停下,说道:"我有约会,不能迟到。"

一位美丽的妇人也来店里避雨,我们便忘了撑着雨伞的那人。

看来妇人想顺便买些东西,便问店主:

"你有治疗忧郁和失眠的药吗?"

店主指着一只药瓶说:

"世上没有什么比健康和清心寡欲更美好的了!"

便　衣

　　我正要睡觉,却听有人敲门。我半拉开门,一个身影几乎塞满了面前的空间。来人说:"局子里的便衣。"

　　他递给我一张传票,说是因为要事,让我随他前往警察局。

　　在我们街区里,这位便衣传唤居民已是常事。他可以在任何时候毫无顾忌地传唤任何人,轮到谁都只能遵命前往。

　　所以我不用商量,便回卧室换了衣服,然后跟他走了。

　　一路上我们一言未发。

　　我看到人们从窗户里露出身影,他们盯着我们,并窃窃私语。

　　我知道人们窃窃地议论什么,因为以前传唤别人时,我也同样盯着他们,并窃窃私语。

风飘随意

最初的时候,时钟厌倦了我的指针的走动。
我将意志的绳索系在太平的手腕上,然后睡去。
然而异乡的风携我升至云霄,将未知展现给我。
我的所为是无意的,我有意的却并未为之。
一位和善的伴侣将我从睡寐中唤醒,说道:"明天我们要杀人。"
我回答,并让宇宙见证我绝对的顺从:"但愿这是安拉的意愿。"

向导和小贩

从第一天起,我就发现,干我的差事需要不停地在这一带巡游。我想找一位向导,人们却带来一位家住红街的男子。我看此人像个盲人,但好心的人们坚持说他料事如神,见多识广,对这里的大街小巷记得烂熟。

我挽起他的手,他便迈开健步,带我上路。很快地,我开始信赖他,并且喜欢上他。

本来,我是可以和他相伴终生的,但有一天,我们在路上遇见一位卖面包的婆娘,她颇有几分姿色,我便告别了向导,跟她走了。以后,我偶尔在路上和老向导邂逅,我热心地向他问好,但他反应冷淡,我们便各走己路了。

或许我们只在闲来说笑时还提及他,但聪明人却无法否认他的恩惠。

当心你自己

我想起了他，思念在心中油然而生。我便前往郊外，去他被田园环绕的住所。

他热情地欢迎我，说道：

"你上次来访至今已恍如隔世，但今天你来得正是时候。"

说着，他手指一张小桌子，桌上摆着盛好晚饭的盘子，里面有烤鱼、泡橄榄和热腾腾的大饼。

他请我用餐，我欣然入座。

我们刚做完饭前的祈祷，就听喇叭里传来声音："当心你自己！"

他猛然跳起，关上电源开关，顿时一片漆黑。刹那间，子弹如雨点一般，从四面八方飞来。

我惊恐得战栗，心里却在自语："能够当心自己的人真是幸福。"

出狱以后

客厅里挤满了有所欲求的人们。

我们坐着,焦急地交换着眼神,然后目光投向通往里屋的高大的门,一面绿色的大帘垂在门外。

幸运之神何时微笑,轮到我交好运呢?何时唤我前去面谈,让我提出需求,使我的希望得到满足呢?门敞开着,不回绝任何人,但只有幸运者才能获得面谈的机会。

一连几天,我都怀着希望兴冲冲而来,却又扫兴地离开。

我突然有了主意:我何不在花园里找个地方藏起来,等夜谈的客人散去、贵人出门散步之际,一头扑在他面前求见呢?

但仆人发现了潜入的我,把我抓进警察局,然后又送进监狱。我被扔进黑牢。

我怎么申辩都无济于事。

我一心想谋个体面的职业,结果怎么就进了牢房?

我听人们交头接耳,说那个贵人将来监狱视察,听取蒙冤者的诉求。

在外面求之不得的,却能在监狱里获得,我感到惊奇。

我需要他的同情,这愿望越来越强烈。

终于,我在他面前跪倒,讲述了我的故事。

既看不出他相信我,也看不出他不信我。

我哀求道:"我希望的,只是在我出狱以后您能见我一面。"

他急欲离开,淡淡地说:

"出狱以后再说吧!"

河 流

在汹涌的生活旋涡里,我们有一回在公共场所相遇。

这个笑吟吟地看着我的老妇人是谁呢?

或许在不远的过去我们在这世上见过?

她的笑容更粲然了,我也报以同样的笑脸。

她问:"你想不起来了?"

我更使劲地笑着。

她以只有老年人才有的率直说:"你做学生时,曾是我的第一次尝试……"

沉默了一会儿,她又说:"当初我们就差一步了!"

我茫然地思量:那美好的生活到哪儿去了?

远方的话音

我们街区有一座凶宅,谁也不敢靠近,门窗总是紧闭着,在风吹雨淋中日渐残破。

我路过的时候,总觉得眼不见不为实。心想:不过是前辈们传来传去的神话罢了。

有一天,我正路过宅子门前,突然下起雨来。我像往常一样讥笑着,冷不防传来一个平静的话音:

"如果你怀疑,就在屋里住一夜,你会见到直接的证据。"

我大惊失色,哑口无言。

我想起原先读过的鬼怪世界的传说。

而那声音又响起了:

"你要和理性同在,否则也会遭遇我们的惨痛经历。"

雨越下越大,那声音消失了,好像溶化在雨中一般。

讲经课

我急匆匆地赶路,要去听一堂讲经课。

路上,我见到一个衣衫褴褛、愁容满面的老汉在哭泣,我生怕赶不上听课,就没有过问。

夫子登上中间的讲台,扫视着四周,眼光落在我身上。他示意我走过去,然后凑在我耳边低声说:

"你没有理睬那个哭泣的老汉,浪费了一个行善的机会,那是在我今天的课上得不到的。"

幼小的哲学家

尽管我不乐意,衰老的感觉还是像不速之客一样纠缠我。我不知如何才能忘怀末日的临近和渐盛的别绪。致敬,我在安逸和愉悦中度过的漫长岁月;致敬,在慈爱、成长和知识的海洋里享受的生命之乐趣。

现在那永恒的声音在预告离别。告别你美丽的世界,前往未知的所在吧。我的心哟,那未知不过是幻灭!抛掉那转世到另一个生命的幻念吧。怎么样?为什么?哪一种智慧能说明那个生命存在的必要?我能真正理解的,乃是我心灵的忧伤。别了,生活,我从你那里领会了一切意义,结果你悄然而去,留下了一段没有任何意义的历史。

——一个已满九个月的胎儿感想录

故事的本源

　　阳台上,太太透过窗格子看着楼下,眼里充满了关切与慈爱。孩子在底下玩耍、唱歌,时不时地,他窜进一条巷子,那些街巷通往广场,又连接着城市的四面八方。黄昏时,孩子收起了玩心,回到家里。

　　这一切没有持续很久。

　　阳台上没有了慈爱。

　　孩子被送进一条巷子,再也没有回来。

先觉者

我们应邀去一位朋友家参加晚会。我们在小花园里围着朋友而坐,柑橘花的芳香令我们陶醉。

朋友向我们介绍一个难得的项目,希望我们参加投资。火柴光亮起,我看到一位伙伴心不在焉,原来已遁入梦乡。我用胳膊捅他一下,但他没有理我。

回去的路上,我对他说:"朋友的讲话,你肯定一句都没听。"

他淡淡地说出让我吃惊的话:"我的心告诉我,他在太阳升起前就要去世!"

奇怪的是,在太阳升起之前,那个谈论项目的朋友果真去世了。

更奇的是,那位有先知先觉的朋友,也在黎明时去世了。

从那一天起,每当岁月带来一段好时光,我都不愿因思量往事或来事而错过。

心的抱怨

我时运不济,心脏也有所不适。医生拿着拍好的片子在寻找病根。我也好奇地看着,看来看去,竟觉得它也在看我。我们俩对视着,它的目光里含有责备。

我抱歉地说:"长久以来,我把难以承受的欲念强加于你。"

它突然说:"说真的,我就讨厌病愈。"

简　史

　　第一次恋爱时我还是儿童。我游戏岁月，直到死神自天际显现。在青春之初，我懂得了夭折的爱人留下的不朽爱情。我淹没在生活的大海里。爱人去了，记忆在正午的烈日下燃烧。我心中的向导把我引向苦难铺就、通往虚伪目标的金色之路。有时完美的主人浮现，有时已故的爱人隐现。

　　我明白我和死神之间有着嫌隙，但我注定要怀有希望。

被命运捉弄的人

　　我忘不了这个人，他做过我多年的老师。谁都知道他命运多舛，夫妻不和，家境贫寒；但他又以忍气吞声、逆来顺受出名。年迈以后，他的不幸又多了一桩：患了动脉硬化。他的记忆日见衰弱，渐渐忘却了挫折和生活中的种种坎坷，不知不觉倒也减轻了负担。病情愈笃，他把妻子也完全忘了，不能指认，还询问她为何待在他的家里，这样烦恼又减少许多。后来病入膏肓，他连自己都忘了，不知自己是何许人也。因此，他到达了愉悦的巅峰，逃出了严酷生活的魔掌，连原先可怜他的人们也羡慕他了。

宽　恕

太太，我对你的钦佩难以言述。你那纯洁的暮年之光，使蓬荜增辉。你以沉默对待伤害，原谅所有加害过你的人们。我从未见过像你这么善良的母亲。

有一天我对她说：

"你为别人的残忍和自私做了牺牲。"

她笑着说：

"我为爱做了牺牲。"

她在我脸上读出了惊奇，便说：

"你以为，人们那样待我是出于残忍和自私，其实他们是出于对自己孩子极度的爱，所以我也爱他们。正因为如此，我的心宽恕了他们。"

笑　声

我站在坟头，在我亲爱的朋友长眠的地方，向他的遗体投去告别的目光。从美好的往昔，传来他爽朗的笑声。我环顾四周，却只见送葬人们忧伤的面孔。

从坟地回家的路上，一个朋友在我耳边低语："去咖啡馆过一段轻松的时光，好吗？"

这邀请令我兴奋，我的精神抖擞起来。

我加快了脚步，向着咖啡馆走去。在那里，可以要一杯冰水，一杯苦咖啡，后来者可以窃窃地议论先前的客人。

选　择

　　我带上细软家珍前往市场，摆好摊位，准备沽个价钱，以济家用。忽然间，嘈杂的市声安静下来，人们都伸着脖子向中间探望。我也望去，只见一位美人招摇过市，举手投足，大有女王之风姿仪态。我见状不禁神魂颠倒，便站起身来，尾随而去，什么理智意志、养家糊口，等等，全被我抛在脑后。

　　我跟着她走进一间精致的小屋，再往里可见一座花园。一位身材魁梧、气宇不凡的门卫把我挡住，冷冷地盯着我。

　　我说："我甘愿把一切都奉献给她。"

　　门卫说得很干脆："她不欢迎那些丢下市场上的营生而前来的慕求者。"

疑　问

队伍在笛声和鼓乐的引导下，开始在沙漠中行进。四周寂然，一切都看不到尽头。我心里忽然起了个疑问：队伍的头领会走在什么位置？

旁边的人知道了，说："走在前头嘛，这样才符合他身份。可你为什么要问呢？"

旁边另一个人却说："他或许走在队尾，好观察一切动静。可这跟你有什么关系？"

我不知如何作答。我以为事情到此为止，等走完行程就能知道答案。

可我发现人们交头接耳，一双双眼睛都在觑我。怀疑在队伍里蔓延开来。主啊，我怎么让他们相信我并无恶意，我对头领的忠心不逊于他们中任何一人呢？

一个人板着脸走近我，说道："请离开队伍，让我们太太平平。"

我只好走出队伍，独处于茫茫的大漠和无尽的忧愁中。

黑暗中

在没有一丝亮光的黑夜,我赶路回家。路上碰到一个影子,我警觉地一闪,问道:"安拉的奴仆,你是谁?"

他说:"或许你就是我在寻找的那个交好运的人。"

"你指什么好运?"

他和悦地说道:"我邀请你到家里参加一个充满爱情和欢娱的晚会。"

我觉得他在说胡话。

在这怀疑的一瞬,他迟疑的气息消失了,我知道他已隐身而去。

我后悔起来,为自己错失一个或许能交好运的机会。

我依旧在黑暗中盘桓、呼唤,以致喊哑了嗓子。

难以忘怀

他的脸离我那么近,那么真切,似能洞察我的一切。他在我耳边低语:

"把我记住,好在我见你的时候认出我。"

等我醒来,他的形象拂之不去。多少次,我想通过工作或是娱乐把他忘怀,但他总是顽强地回来,似乎一刻也不曾离开。

我焦虑不安地自问:"他何时见我呢?见面会是什么样子?为什么会有这一切?"

我几乎无法排遣这份焦灼,即使在温暖的怀抱里也不例外。

身体的智慧

屋顶平台上,两个人站着窃窃私语。他个头更高,她的脸更漂亮。我呢,我在玩着铁箍,时不时地还看他们几眼,可并不明白。他们在平台的小房间里消失了一会儿,然后又回来。我怀着更多的疑惑,继续窥视他们。

经过那火热的年代,理解才跌跌绊绊地到来。

日落与日出

我在两种不同情况下都见过他。

一次当初升的朝阳映照着他,他显得气宇非凡,仪表堂堂。当他言语,人们从听懂的话里发现了智慧,从听不懂的话里发现了诗歌。

另一次是在夕阳西下时,他显得那么渺小可怜,衣衫褴褛地前跑后窜。当他说话,人们觉得能听懂的话不过是老生常谈,听不懂的话更是胡言呓语。

相　像

　　法官和被告的长相出奇地相像，陪被告的母亲前来法庭的男女街坊都注意到了。

　　有几位想起那女人的长子，那孩子生下后不久便在乱哄哄之间丢失了。但谁也没有把丢失的孩子与法官联系起来。

　　有一个女人在想：

　　"法官是良家子弟，而丢掉的孩子只会落到坏人手里。"

　　母亲已把长子忘得一干二净，她心里想的，只有眼前被告席上的儿子。

　　法官终于做出了庄严的判决。

　　于是，哭泣声在法庭响起。

主　妇

醒来吧，主妇！去做礼拜，然后张开双手祈祷。

准备好早饭，叫你的男人和孩子来餐桌用餐。

帮幼小的孩子洗脸、刷牙，做鬼脸吓唬偷懒的家伙。

清扫房间，布置摆设，唱个小曲儿解闷。

倘若时运许可，全家还会在晚餐的桌边欢聚。

然后孩子们在家读书，男人去咖啡馆谈天。

去洗浴、梳头，换上睡衣，在卧室熏香。今天的一切，已经值得感恩和赞美了。

记住这些，当全家分开、各人都有自己住处的那一天来临时；

当这些回忆已没有人再记起的那一天来临时。

我的真理女士

在天真懵懂的年代,我就知道了真理的寓所。

当女人蹲在洗衣盆前,我也蹲在她的对面,我的手玩着水,我的目光却在偷觑她时;

当我于满月之夜在房顶上游戏,我把手伸向夜空,想要抓住月亮的面孔时;

当我们在节日里拜谒陵墓,我的眼盯着坟头,想看个究竟时。

迷恋,还有那寓所,真是好伴侣。

笑声为证

我们聚在花园里聊天，举座欢愉，人人陶然。我们从一个话题转到另一个话题，就像蜜蜂在花丛中飞来飞去。我们的笑声在清润的空气里回荡。

在那一刻，我们和时光两相遗忘。突然，有一人无缘无故地说起："想象一下，半个世纪后我们会在哪儿？又会怎么样？"

嗨，朋友，答案非常简单，当然同时也非常复杂。可你干吗要提这个问题呢？

今天，才过去了四分之一个世纪而已，但当年聊天的那些人，只剩两人健在了。

他俩回想起那位可爱的逝者的话语，不禁叹息不已，浮想联翩。那些人在哪里？怎么样？

那些人真的曾经存在过，相互间有过友情和期望吗？

故事的根源

她由母亲陪伴走路。他在路边玩耍。母亲最喜欢的,是女孩散发着丁香一般芬芳的辫子。他在玩耍着一只鹧鸪。一些日子过去了。女孩暧昧地看了他一眼。他心里美滋滋地,撒开腿欢跑起来,他要让人们看看他的力量和速度。

母亲为一切生灵祈祷,她默默地说:

"我为她的眼神担心,也为他这么乱跑担心。主啊,请关爱他们吧。"

这时有一个人在路边坐着,他能看出别人心里的念头。他无动于衷地对母亲说:

"让她看他去吧,只要她愿意;让他去跑吧,等他精疲力竭,他会停下的。"

幸福的归宿

小鸟翩跹而复欢歌,多么美丽!有一回,在我心荡神怡的时候,我高喊着:"但愿我生来是只小鸟!"突然,我真的变成了小鸟。我盘旋着,歌唱着,在枝头跳来蹦去。根据已往的经验,我提防着猫和蛇,迷恋着阳光。我一向羡慕鸟儿,它们飞翔着,能看见地面上痴情者难见的爱人的美貌。我经过徒劳的尝试后深信:只有飞起来,才能从树木的顶端一睹芳容。我的目光因相思而变得灼热,我左顾右盼,爱人正在庭院深处徜徉呢。我畅饮着喜悦的醇酿,至酩酊而后快。有一天,我看见围墙上有一盘燕麦,不禁垂涎,便忘了戒忌,飞了过去,用我的喙贪婪而快活地啄食。这时,一只手轻轻地把我捉住,一个轻柔的声音说:

"你终于上当了。"

她把我放进笼子,她的触摸让我全身陶醉,只有乐园的佳酿才给人这般感觉。

每当我幸运的杯盏溢满了幸福,她便光彩夺目地走来,端详着我,给我添食加水。

我欣喜若狂。

余暇时,我瞅着树上的一群群鸟儿,见它们欢快地翩跹歌唱;但有爱人近在身边,它们的翩跹和歌唱都不值一提了。

迷失者阿卜杜·拉比希[①]

阿卜杜·拉比希长老第一次在我们街区出现时,曾经沿街呼喊:

"好心的人们!谁见了迷途的孩子?!"

当人们问起丢失孩子的模样时,他说:

"孩子已丢了七十多年,什么特征我都记不清了。"

从此,人们就称他为迷失者阿卜杜·拉比希。我们常在道路上、咖啡馆或岩洞里见到他。在沙漠的岩洞里,他常和朋友聚会,娓娓而谈,令听者心旷神怡,飘飘如入仙境。他们确可以称为"沉醉者",那岩洞也可叫作"迷醉地"。

自从我结识了他,只要一有余暇,我就去拜见他。和他的交游是愉快的,听他的言谈也是一种乐趣,虽然有时候听起来颇有几分费解。

---

① 阿卜杜·拉比希:阿拉伯语中意为"他的主的奴仆",即"安拉的奴仆"。

结　识

我有个书法家朋友,是长老的门徒,我求他引我结识长老。他带我穿过马麦利克大漠,来到了岩洞。我见长老坐在人群中央,与他们侃侃而谈,彼此都陶醉在宁静而澄澈的愉悦中。我朋友做了引见,但长老仍然继续着话题,对我不予理睬,令我颇为难堪。朋友拉着我,一起在末排就座。

我凑近他耳边,说:"我们最好走吧。"

朋友也低声说:"他已接受了你的友谊。如果他拒绝,就会做手势把你赶走。"

那次夜谈,以一曲美丽的长歌告终。回家的路上,朋友问我:

"你觉得此地、斯人如何?"

我说:"他们未经中介便进入我的心灵。他们的交谊神奇,他们的声音甜美,这地方宁静而迷人,散发着芬芳。"

当目光相遇时

　　过了很长时间，他才看我一眼，我们两人目光相遇。见他露出一丝笑容，我一步跨了过去，说道："请接纳我加入贵宗。"

　　他问我："你为何加入？"

　　我犹豫了一下，说："我几乎无法忍受这世界，我想逃避人世。"

　　他明白地说："热爱这世界乃本宗的要旨，逃避是我们的敌人。"

　　于是，我感觉自己摆脱了困惑之囿。

等　待

　　但是，为什么偏偏是这个岩洞呢？

　　据说，过去在节日里，这地方的女主人曾在岩洞周围转悠，许多人都为她的美貌而神魂颠倒，他们费尽心思地寻找她，但总不能遂愿。听说她将于某一天在岩洞里挑选一个伴侣，于是无数的男人都前去岩洞，却只有迷失者阿卜杜·拉比希和他的门徒坚持到最后。

　　他们谈的、唱的大多有关这位美人，他们期待着如愿以偿的时刻，从不曾绝望。

差 役

有一个人为朋友们服务时分外热情,吸引了我的注意。我问起他的情况,迷失者阿卜杜·拉比希对我说:

其中还有个故事呢,听我给你道来:有一天夜里,我们正享受着宁静,他突然闯进来,说:"官府下令,要关闭一切迷醉的场所!"

我对他说:"我们的饮料是清谈,请你喝下这一杯。"

我把饮料递给他。当时,这里的魅力已吸引了他的躯体和灵魂,他便喝了下去,然后转身走开。第二天晚上,他身着便服回来了,诚服地说:

"我抛弃了差事,前来你们这里。"

我们喝彩,感赞安拉至大。从此,他加入我们的朋友之中。在节日里,他常常载歌载舞,直到黎明。

吉祥的记忆

我的智者朋友问我,可有一个令我难忘的梦?我说:

我梦见自己在一个酒馆里,周围是一帮善良的知己好友。我们边饮边唱。有一人说起:猜猜是谁交了好运?

这时,酒馆的门帘掀开,走进一位全身裸露的女子,浑身洋溢着生命的妩媚及醇酿般的芳香。

我们惊讶地站起,看着,等待着。那女子向我走来,贴近我,然后摘去盘头的发夹,一头秀发便似巨浪一般落下,将我俩遮住。

所有人都陶醉在这无边的幸福中,我们齐声唱道:

"喜讯传来了,愿望实现了!"

病

迷失者阿卜杜·拉比希长老说：

昨天黎明前，我参加完一次聚会回家，在漆黑的胡同里，一个我未看清面容的人把我截住，说道：

"我自星辰的后面，冲你而来。"

我顿觉自豪，欣喜地问：

"你是为我而降临的？"

他颇为不快地说：

"你尚未脱尽自负呢！"

然后便以闪电般的速度腾空隐去。

谁能让他带着宽恕返回我这儿呢？

我问长老："你当时想对他有何要求？"

他未理睬我的问题，却说：

"生命，是一股注入遗忘之海的记忆之流；死亡才是确凿的真实。"

抱　怨

岩洞里高朋满座，喜悦能把石头融化。

有一个人吹了一口气，吹灭了蜡烛，他们的气息便在黑暗中逡巡。

这时传来一个声音："在天上，人们讨厌丑行和臭味。"

话音消失了，留下一片沉重的寂静。有一人说：

"这是一个信息。"

另一人说：

"不，这是命令。"

于是，他们前往市场，攻击一切丑陋与邪恶的东西。

先生们愤怒了，他们怒冲冲地咆哮着，挥动起了棍棒。

空中之舞

有一次长老对我说：流传的故事不算真正的故事。他要给我讲个故事。他说：

在春天的一个清晨，绿门旁边一阵喧闹，把我吸引过去，原来是一群人把一男一女团团围起。我挤了进去，听人说这对男女曾是侯赛因区一带的疯子，后来被情爱所惑，从幽闭的世界来到爱恋的世界。人们见他俩醉得脚步趔趄，并唱着火辣的情歌。

若不是警察的干预，人们几乎要动手怒揍了。

过了一段时间，此事渐渐被淡忘了。有一天早晨，我走在沙漠里，看到一朵云像飞机或飞船那样落下。等我看分明了，却见云端有一男一女正在跳舞，两人齐声叫道：

"阿卜杜·拉比希，你什么时候上来?!"

遥远的幽香

迷失者阿卜杜·拉比希长老说:

我信步漫游,来到一座废弃的坟墓,记得这坟墓来头的人们,都已去世。现在它已颓垣将倾,踪迹难辨。记忆深处传来暗暗的呼唤,一群男女一如当初朝我走来。其中一人又在重复对我说过多次的话:"没听到广播里播送晨歌,我是不会起床做事的。"

永 生

迷失者阿卜杜·拉比希长老说：

我站在圣陵面前，求安拉赐我健康与长寿。一位衣衫褴褛的老乞丐走了过来，问道：

"你真的希望长寿吗？"

我不愿搭理他，哼了一句：

"谁不希望呢？"

他递来一只密封的小盒子，说：

"让你尝尝永生的滋味。谁尝它一口，就永不会遭遇死神。"

我轻蔑地一笑。他继续说：

"几千年前我就尝过了。代复一代，至今我仍在背负着生活的重荷……"

我讥讽地咕哝：

"你真幸福！"

他愁眉苦脸地说道：

"说此话的人，都没有经历过世代的更迭、境遇的变迁、知识的增长、亲人的逝去、子孙的入土……"

我惊诧于他奇怪的联想，问道：

"在芸芸众生中，你到底是哪一位呢？"

他伤心地回答：

"我曾是世界的主人，你没见过我的巨大雕像吗？随着太阳的每一次升起，我都要哭泣，哀悼我已逝的时光、远去的邦国以及消匿的诸神！"

遵从旨意

迷失者阿卜杜·拉比希长老说：

我目不转睛地注视他，谦卑地说道："我从未见过任何人像你这么光彩照人。"

他微笑着，说："万赞全归安拉，众世界的主。"

"先生，我想知道你是谁。"

他平静而答，似乎正在回忆：

"我曾在太阳升起前将你唤醒。"

我认真听着，他又说：

"我曾帮助你抗拒慵懒，于是你奋发劳作。"

我沉思着。

"我曾诱导你爱知识。"

我应答："是的，是的。"

"还有那存在之美，是我引领你找到它的源泉。"

"我对你永远感恩戴德。"

然后是片刻紧张的沉默。我觉得他此来对我必有所求，便说：

"我将遵从你的旨意。"

他回答的语气极为平静：

"我来是为我的工作加上完美的句号。"

关于尘世的问题

我问迷失者阿卜杜·拉比希长老:"人们说你爱好女人、肴馔、诗歌、知识及歌乐,对此有何评说?"

他认真地答道:

"这是好施的主的恩惠。"

我又提问:"圣徒们对尘世的谴责该做何解?"

他说:"他们谴责的是尘世猖獗的腐败。"

夜　行

迷失者阿卜杜·拉比希长老说：

我认识的那个人，他漫长的一生可分为两个阶段。

我知道他在年轻时，谨守拜功，常去清真寺，一听到《古兰经》就为之痴迷。

到了老年，命运把他带到了酒肆，他嗜酒成瘾，对此外的一切都遗忘殆尽。

每到深更半夜，他方才回家，一路哼着青春的歌曲，在漆黑的夜晚醉步蹒跚。

怜爱他的人们劝他夜行时小心。他回答：

"天上的卫士在我周围护行，我的头还能发光，为我照明。"

一句话

有一天晚上,迷失者阿卜杜·拉比希长老在岩洞夜谈时说:"爱情的故事多么美妙!愿安拉宽宥爱得死去活来的日子!"

定　义

我问迷失者阿卜杜·拉比希长老：
"渎神的标志是什么？"
他毫不犹豫地回答：
"厌烦。"

我的美女子

迷失者阿卜杜·拉比希长老说：

那件事发生在我由童年步入少年之际。

我看到一位女子坐在"赞美安拉"横匾下的沙发上，她是我平生所见最美的女子。她朝我微笑，我走了过去。她侧下身子，吻了我，还赠我一块饼。我藏匿着这个秘密，期待这种施予持续下去。

每次我前往那间屋里，都能得到一个吻和一块点心，于是心满意足地返回。

有一天，我像往常一样前去，却发现屋里空无一人。

难道我会失去这美人和幸福吗？

我向母亲打听这美丽而慷慨的客人的去向。

母亲惊诧于我的问题，父亲也同样诧异。我只好赌天咒地地发誓。

可他们根本不信我的话，而且为之焦虑了很久。

忧愁依然深藏在心头，即使在夜晚出现了新月也难以释怀。

脱逃之际

迷失者阿卜杜·拉比希长老说:

有一次,喜悦之情引诱我沉醉其间,我进而起了贪心,想从小欢喜一跃而入大欢喜。我祈求安拉恩赐我好结局。

这时候,一个声音在我耳边低语:"安拉不会祝福脱逃者。"

当……之时

我问迷失者阿卜杜·拉比希长老：

"国家何时才能安治？"

他答：

"当人民相信怯懦比平安后果更糟的时候。"

邮 差

那是在岩洞里的一个夜晚,狂风大作,暴雨如注,从洞口吹进的风拂弄着蜡烛的火苗。每一颗心都在"怦怦"乱跳,眼光都投向洞口,等待着。心跳得越来越快。

有一个人低声说:

"人们说今年的这一夜是个吉祥夜。"

每一颗心都把热切的期待寄托在洞口。

传来一阵铃声,他们全都站起。邮差走了进来,穿着制服,拎着邮包,浑身湿得像在水里泡过一样。

很平静地,他给每一双伸出的手一封信,然后一声不吭地离去。

他们拆开信封,借着烛光看信。

信纸上一片空白,什么也没有。

阿卜杜·拉比希叫了声:

"忍耐者能得善果!"

阿兹拉伊勒①

迷失者阿卜杜·拉比希长老说：

有一天官吏传唤我，对我说："你的言谈煽动人们造反。小心点！"

我说："我为那些保护盗贼、追捕君子的人们悲哀！"

他冲我大叫："这是最后通牒！"

这时阿兹拉伊勒悄然而至，以解救我脱离灾难。他在官吏面前显露了一刹那，顿时，官吏四肢发抖，从椅子上跌落，大叫着：

"看在安拉的面子上，你不要靠近我！"

---

① 阿兹拉伊勒：希伯来和伊斯兰传说中的死神。

仁 慈

我问迷失者阿卜杜·拉比希长老:
"在这至仁至慈的主亲手创造的世界上,为什么会产生各种事端?"
他平静地回答:
"如果没有主的至仁至慈,这一切就不会产生了。"

劝诫的人

迷失者阿卜杜·拉比希长老说:
一位绝色美女在集市上截住我,问道:
"劝诫的人,我可以劝诫你吗?"
我果断地说:"愿洗耳恭听。"
她说:
"不要拒绝我,以免为错失大恩惠而遗憾终生。"

羊圈里

迷失者阿卜杜·拉比希长老说：

我梦见自己站在一个宽阔的羊圈里，群羊安逸而宁静地吃草、饮水，交流着爱情。我也盼望成为羊群中的一员。我当时一本正经、孔武有力而又仪表堂堂。

有一天，羊圈的主人来了，跟在后面的是提着刀的屠夫。

苦难的终结

我问迷失者阿卜杜·拉比希长老:

"我们正在遭受的苦难将如何终结呢?"

他答:"如果我们平安地脱离,便是仁慈;如果我们毁灭后脱离,便是正义。"

不要相信

迷失者阿卜杜·拉比希长老说：

有一个人走来对我说："你不要信！你不过是盲目和偶然的产儿，是诸元素纷争的后嗣；你毫无目的而来，还要毫无目的而去，如同你不曾存在过一样。"

我告诉他："以前你父亲就曾相信了不该相信的话，于是失去了愉悦和安宁。"

善 行

迷失者阿卜杜·拉比希长老说道：

有一天我捡到一只钱包，里面有一大笔钱，还有能表明主人身份和地址的物件。

那人是个奸佞之徒，国家曾蒙受其祸害。我决意不把钱包还给他，而是把它悄悄存放在朋友家的地下室里。朋友人穷，但虔敬得出名，我毫不怀疑他会把这钱用在正道上。后来，我得知他放弃了自己正当的权利，把钱归还了失主。我于是伤心、难过。

我这位虔敬的穷朋友后来死了。我赶紧过去，替他清洗，穿上殓衣，把他抬到清真寺，为他祈祷。做完祷告，我发现在灵柩后面的祈祷者中，那位奸佞的富人正在痛哭。

我的心为之震动，我自语："万物的主啊，你知悉我们所不知的一切。蒙你的允许，在不知不觉之际或许曾有过醒悟呢！"

祈　祷

我身体不适,迷失者阿卜杜·拉比希长老前来看我,为我驱邪,并为我祈祷:

"主啊,赐予他好的结局吧——那便是爱恋。"

新　郎

我问迷失者阿卜杜·拉比希长老,在他交往的人中,谁是让他心仪的理想人物?

他说:

"那是一个好人。他的美德,体现为持之以恒地服务他人、礼赞安拉。在他百年大寿之际,他酩酊大醉,载歌载舞,同一位年方二十的少女结了婚。在洞房之夜,来了一队天使,为他熏燃了采自歌夫山[①]的香草。"

[①] 歌夫山,伊斯兰教传说中环绕地球的大山。

孤　单

迷失者阿卜杜·拉比希长老说：

我在穿越一个人头攒动的广场时，见到一个疯子，他挥动棍子，对着四面八方乱舞，似乎在和无形的生灵厮杀。等筋疲力尽了，他在人行道坐下，擦着汗水。而自始至终，都无人理睬他。我走了过去，问他："安拉的奴仆，你刚才在做什么？"

他愤愤答道："我在同一股想残害人们的力量搏斗，可是无人理解我的举动，也无人上前助我。"

秘 密

我早就听说天使现身为女人的故事,也曾无数次在广场、大路与街巷寻找天使。我对自己说:见到天使,可以和盖德尔之夜①见到月光媲美。

在一个吉祥的良宵,我听到一声低语,说月光朗照时,天使将在路上出现。我怀着爱者的痴心和英雄的意志,在路上徘徊。忽然,一个女子呈现了片刻,她敞露着天仙一般的面孔,蓦然而至,让我痴迷、沉醉。但我没有随她而往,因为我明白:我无法跨越人间前去天使的世界。

这一刻,我领悟了我初恋的秘密。

---

① 参见第57页注。

坟墓之声

迷失者阿卜杜·拉比希长老说:

在一次畅饮欢聚后,我回家时路过陵墓群。从坟墓里飘来一个声音,问我:

"你为何不再拜访我们,也不和我们交谈了?"

我回答说:

"你们乐于谈论的话题,都是死亡和死人。我对此已经厌倦。"

心之表面

迷失者阿卜杜·拉比希长老说:

我以杯子为镜,看到了我的心。它如此纯净,令我惊异。我问它:

"谁相信你曾携着那所有的爱搏动过呢?你是怎样的一个世界,竟能容纳那么多的女人、男人和故事?"

"我的心啊,可以证明往昔之真实存在的证据,已荡然无存;那剩下的空自涌流的泪水,也已在太空消失!"

坚　贞

我看见迷失者阿卜杜·拉比希长老行走在送殡的队伍里,我知道他只为善人送葬,便也走进队伍,随人们一起为死者祷告。然后我向老人打听死者,他说:

"他是一位君子,而君子何其稀少!他虽然上了年龄,却依然不愿弃绝爱,至死也不改其衷。"

那种爱

我对迷失者阿卜杜·拉比希长老说：
"我听说有人责怪你对人间过度关爱。"
他说：
"爱人间是感恩的体现，是迷恋一切美事的证明，是耐心的标志。"

责备死神

迷失者阿卜杜·拉比希长老说：

有一次，死亡的念头让我异常不安。我欲入睡，却想起死神也许会在睡梦里拜访我，于是早晨再也不会来临。我便祈求安拉赐我平安，怜悯还在期待我次日前去帮助的人们。

他不断乞求安拉的宽恕，然后轻声说：在无能为力之时，我对主的赞美真是发自内心！

洪　水

迷失者阿卜杜·拉比希长老说：

洪水明天或者后天就要来临，它将卷走妇女和无力的腐败者，只有少数强者才能幸存。这里将会出现一个新的城市，自它的怀抱里，将会复活新的生命。阿卜杜·拉比希呀，但愿你能长寿，能在将来的城市里生活，哪怕只过上一天！

论买卖

迷失者阿卜杜·拉比希长老说:
警惕啊!我尚未发现比出卖梦想获利更多的买卖。

甜美的岁月

迷失者阿卜杜·拉比希长老说:

我发现自己在一座山丘上,注视着空中展开的天幕。一队迷人的仙女在舞蹈,并和着宇宙的旋律歌唱。她们翩翩起舞之际,洒落了一颗颗喜悦的光珠。

我扯起嗓门高喊:

"你们是何许人也?"

她们回答:

"我们是为数不多的甜美日子,是在无比的荣光和纯净中、在无忧无虑中过去的日子。"

两个舞者

迷失者阿卜杜·拉比希长老说:

没有什么比生命和死亡共舞的情形更令我惊骇了,伴随那舞蹈的乐曲,是我们平生只听过一次的感人旋律。

跟随者

迷失者阿卜杜·拉比希长老说:
他从摇篮一直跟随我到坟墓。他便是爱。

获胜者

迷失者阿卜杜·拉比希长老说:

街巷里都在传言:美女将把自己献给获胜者。于是,小伙子们毫不含糊地投入比赛。获胜者带着胜利的醉意,迈着疲惫的脚步,跟跟跄跄去见美女。走到跟前,他瘫倒在地,成了痴情的俘虏、疲倦的猎物。他安详地注视着美女,直到困倦戏弄起他的眼帘。

深　渊

迷失者阿卜杜·拉比希长老说：
连我，也曾在客厅里等待过，期盼着成功。
父亲端庄而和蔼地走进来，但他警告我当心桎梏和恶报。
发自内心的声音叫我逃走。
然后她羞涩地、踉踉跄跄地进来了，我便堕入了深渊。

羞　涩

迷失者阿卜杜·拉比希长老说：
我看到的，只是她脸颊的光辉和含羞的甜美。
我越是不停追求，她越是深陷在沉默中。
她施予我一切珍奇，唯独躲避着言语。

客　人

迷失者阿卜杜·拉比希长老说：

原先我家里常高朋满座。

有一天，家里来了一位我从未见过的客人。

为了不打扰客人，父亲打发我去远处玩耍。

等我回来，却发现家里空无一人，不见了客人，也不见满座的高朋。

生活的忧愁

有人问迷失者阿卜杜·拉比希长老:
"生活会为某一个人忧愁吗?"
他答道:
"会的,如果他是真诚地爱着生活的人。"

完　美

迷失者阿卜杜·拉比希长老说：

完美是生活在幻想中的一场梦，如果真有完美存在，人的生活就无趣了。

魅　力

迷失者阿卜杜·拉比希长老说：
生活看起来是一连串的争斗、泪水与恐惧，
但它又有一种令人迷恋和沉醉的魅力。

美人的忠贞

迷失者阿卜杜·拉比希长老说:
唉!那个美女毫无忠贞可言!
她从不会满足,而她的慕求者也不引以为戒!

我们的天性

有一次我对迷失者阿卜杜·拉比希长老说：

"我宁愿一年到头劳碌不停，也不愿有一个月的赋闲。"

他说：

"我们生来就有爱生命、憎死亡的天性。"

真诚的谎言

迷失者阿卜杜·拉比希长老说:
生活中的某些谎言会爆发为真情。

意　愿

迷失者阿卜杜·拉比希长老说：

意愿在宇宙中遨游，宇宙在意愿里遨游。

互 爱

迷失者阿卜杜·拉比希长老说：

他们是甲乙双方。甲凭其力量创造了乙，乙凭其软弱创造了甲。

理　智

迷失者阿卜杜·拉比希长老说：

当他说"难道你们不理解吗？"①之时，他便打开了"无穷"的大门。

---

① "难道你们不理解吗？"曾在《古兰经》中多次出现，通常在讲述道理后以此语反诘，敦促人们发挥悟性，认识真理。

音 信

迷失者阿卜杜·拉比希长老说:

在一个岩洞里度过难忘的夜晚,我在不眠与惶惑之后酣然而醉。突然,在宇宙深处漫游的一颗原子对我的直觉低语:放心吧。

邂逅在黑夜

迷失者阿卜杜·拉比希长老说：

在青春年少的日子里，我曾做过这么一个梦：

我梦见眼前是一望无际的沙漠，我在沙漠里纵步闲行，沉醉在自由自在之中。夜晚来临，我想返回，却迷失了道路，像一股飘忽的轻风在黑暗中徘徊。恐惧与失望占据了我的心。我抬头望天，天上的群星一言不发。后来，我感到有种火辣辣的气息拂面而至，我惊恐地发问：

"你是谁？"

一个平静的声音答道：

"请跟随我的影子。"

我跟随而行，把一切交付给命运。走了半晌，没有发生什么不测，我渐渐心安了。那影子又往我手里塞了一个瓶子，要我喝下里面的东西。我痛饮一口，顿觉从头到脚都兴奋起来。我问道：

"这是什么饮料？"

"是我自家酿的酒。"

我听了几乎要发抖，但飘飘然的陶醉让我忘却了忧虑。

我们前行时，黎明的曙光出现了。借着第一道晨曦，我看清了影子的脸庞：原来是一个美艳绝伦的女子。

我请求她暂停片刻，然后谦恭地在她面前跪下，伸开双臂将她拥抱。

呼吸吐纳

迷失者阿卜杜·拉比希长老说:
随着宇宙的呼吸吐纳,一切快乐与痛苦都在腾跃。

自　由

迷失者阿卜杜·拉比希长老说：

当人正确地行使其自由时，便是他最接近主的时候。

奥　秘

迷失者阿卜杜·拉比希长老从未掩饰过他对女人的爱恋。对此他说:"爱,是打开存在奥秘的钥匙。"

死神的话

迷失者阿卜杜·拉比希长老说:

我看到死神像是一个衰朽的老人,他埋怨说:"如果我有一年停止了工作,就无法让你们承认我的功绩了。"

乐　观

我问迷失者阿卜杜·拉比希长老：

"为什么你处事乐观？"

他说：

"因为我们仍然赞赏美丽的言辞，即使我们并不实践这言辞。"

随心所欲

迷失者阿卜杜·拉比希长老沉醉于世间的生活,令一些门徒感到惊奇。他便告诉他们:

"你们尽可以随心所欲,但有一个条件,就是不要忘记你们根本的工作,那便是代治人间。"

喜剧与悲剧

迷失者阿卜杜·拉比希长老说:
谁失去了信念,就失去了生命与死亡。

速　度

迷失者阿卜杜·拉比希长老说：
我们刚准备好房间，耳边就传来离别的乐曲。

谋 士

迷失者阿卜杜·拉比希长老说：

出于对指点迷津的爱好，我决定前去会晤你们的那位君主，他的暴虐与腐败已导致民怨沸腾。

我要求见他，他的谋士出面迎接。谋士为我端上咖啡，我们的目光对视了片刻，我认出他原来是魔鬼的化身。他察觉我认出他了，笑道：

"我输了这一回合，再玩下一招吧！"

强劲的对手

迷失者阿卜杜·拉比希长老说:

你们这些唤醒了尘世间心灵的女子啊!我做证:你们乃创造了挑战死神的强劲对手。

选　择

迷失者阿卜杜·拉比希长老说：

一位美丽的女子来咨询我对一个问题的看法。

我做了答复，又从她容光焕发的脸上看出了面相，便对她说：

"你面前有两条路：一条是贞节与乐园之路，一条是爱与生育之路。"

她羞怯地笑道：

"伟大的主为爱与生育预备了我，我不可违背他的旨意。"

海

迷失者阿卜杜·拉比希长老说:

我发现自己身处一片拍打着欢乐与烦恼之浪的海里。

感　谢

迷失者阿卜杜·拉比希长老说：

感谢安拉！他的存在，使我们在人间不至于玩世，在后世不至于毁灭。

心　跳

迷失者阿卜杜·拉比希长老说：

恋人的一次心跳，足以驱除一百次忧愁的沉渣。

我即是爱

迷失者阿卜杜·拉比希长老说:

我们正在岩洞里促膝而谈,突然有一个声音响起:

"我即是爱。倘若没有我,水流便会干涸,空气便会腐败,死神会在每一个角落高视阔步。"

冲　破

迷失者阿卜杜·拉比希长老说：

有一天，我试图隐居，可是人类的叹息声冲破了我的清静。

爱与爱人

迷失者阿卜杜·拉比希长老说：

爱人或许不复存在，但爱却不会消失。

不要诅咒

迷失者阿卜杜·拉比希长老说:

不要诅咒尘世,正因为那里发生的一切,尘世已几乎毫无地位了。

慰唁的义务

迷失者阿卜杜·拉比希长老说:
有一个人在我面前哭诉,我问原因,他说:
"我淹没在享欲的大海而无法饱足。"
我告诉他:
"等你饱足的那一天我来看你,以尽我慰唁的义务。"

今世与后世

迷失者阿卜杜·拉比希长老说:
如果你真诚地爱着今世,后世就会理所应当地爱你。

不速之客

迷失者阿卜杜·拉比希长老说:

那位很少受到我们欢迎的朋友,他便是死亡。

秘　密

迷失者阿卜杜·拉比希长老说：
你如何爱，便如何存在。

中　间

迷失者阿卜杜·拉比希长老说：
有的人为生命犯愁，有的人为死亡犯愁。
我的位置则在两者中间。

蹒　跚

迷失者阿卜杜·拉比希长老说：
人注定要在快乐与痛苦之间蹒跚而行。

两件珍宝

迷失者阿卜杜·拉比希长老说：

金色的门上挂着两件珍宝，它们对前来叩门的人说："上来摘取吧，你别无选择。那是爱与死亡。"

每日的差事

迷失者阿卜杜·拉比希长老说:

月光下,我躺在绿色的草地上,任思绪漫无边际地驰骋。突然,大地在我耳畔低诉:

"人们羡慕我每日的馔食,其实,我只是将我曾经馈送的赠品收回而已。"

秘密中的秘密

迷失者阿卜杜·拉比希长老说:

我对生活说:"你确是好施的安拉的一个秘密。"

她羞怯地答道:"我的孩子们向我发问,但他们得到的只是问题。"

最后的时光

迷失者阿卜杜·拉比希长老自问自答:
"我们如何对待愉悦与欢乐的时光?"
"把它当作你剩下的最后时光。"

端　详

迷失者阿卜杜·拉比希长老说：
如果你心有疑虑，就仔细端详你心中的镜子。

爱的微风

迷失者阿卜杜·拉比希长老说:
爱的微风轻拂一个时辰,足以抵消一生遭遇的邪恶罡风。

黎明的训诫

迷失者阿卜杜·拉比希长老对岩洞里夜谈的人们说道:

不必呻吟着诉说尘世之苦,莫追究难解的世事后隐藏的道理,节省精力去做有益之事,乐天知命,以爱与歌曲疗治袭上心头的愁绪。

时　光

迷失者阿卜杜·拉比希长老说：

时光可以设想自己比一切摧毁力更为强劲，但它实现目标时却不出任何声响。

包罗最广的搏斗

迷失者阿卜杜·拉比希长老说:

宇宙中包罗最广的搏斗乃是爱与死的搏斗。

本　源

迷失者阿卜杜·拉比希长老说:
恶从四处包围了人类,人类便在八方创造出善。

幻　想

迷失者阿卜杜·拉比希长老说：

长寿者有一天或许会意识到，他比生命中最美好的标志更为长寿。

绿 鸟

迷失者阿卜杜·拉比希长老说:

"我爱,以至到达了爱的巅峰。我振动成功的双翅飞翔,满月之夜的歌声让我快乐。绿鸟在黄昏时栖落,和我的忧愁一起歌唱,但我不解那歌的含义。"

一次心跳

迷失者阿卜杜·拉比希长老说:
揭开新娘的面罩和为她的尸体盖上殓衣之间,只有短如一次心跳的间隔。

行　进

迷失者阿卜杜·拉比希长老说：

有一群人来我这里，说他们决定停下，以了解生命的意义。我告诉他们：行进吧，不要迟疑，意义就隐匿在行进之中。

不要后悔

迷失者阿卜杜·拉比希长老说：

我的心啊，你跳动吧，爱恋一切美丽的事物吧！如果愿意，就以涟涟的泪水痛哭吧！唯独不要后悔！

好结局

迷失者阿卜杜·拉比希长老说:
美哉——当你告别她时,你们两人都因为对方而更加崇高!

地　址

迷失者阿卜杜·拉比希长老说：

我建议在岩洞的入口悬挂一匾，上书："安拉令这美妙的所在长存。"

充满太空

迷失者阿卜杜·拉比希长老说:
如果没有遨游在太空的美丽奥秘的低语,陨石就会毫不怜悯地冲向大地。

渴 望

迷失者阿卜杜·拉比希长老说:

我深受相思之苦,因而我的生命变成含在思念中的哀切。

愚　蠢

迷失者阿卜杜·拉比希长老说：

没有比愚蠢的信仰者更愚蠢的了，除了愚蠢的无信仰者。

歌　咏

迷失者阿卜杜·拉比希长老说：
歌咏是恋爱着的心灵之对话。

当　下

迷失者阿卜杜·拉比希长老说：
当下，是跳动于两个黑暗之间的光明。

债

迷失者阿卜杜·拉比希长老说:

生活是一笔重债,安拉保佑还债的人。

宽　恕

迷失者阿卜杜·拉比希长老说：
至强的强者是宽恕者。

提　醒

迷失者阿卜杜·拉比希长老说：

当死亡降临别人头上，它也提醒着：我们仍然安享着生活的恩惠。

绿　洲

迷失者阿卜杜·拉比希长老说：

沙漠中有绿洲，那是迷途者的希望。

花　园

迷失者阿卜杜·拉比希长老说：
在玫瑰园中享受心灵的宁静是多么美好！

解　脱

在节日的夜晚,我们相约岩洞,没有一人迟到。
外面,寒风怒吼着,咆哮着。
洞内,每一个人胸中都充满了渴望,欢悦的歌声四起。
迷失者阿卜杜·拉比希长老说:
"祝福那些在市场上恪尽义务或向烦恼挑战的人们。"
我们惭愧地垂眉不语,老牧人的笛声传入耳际。
长老又说:"你们看着岩洞的门口,不要转睛。"
一颗颗心怦然而跳,内心在等待解脱之中颤动。
在殷切的期盼中,目光见到了他,心灵听到了他。

附录　马哈福兹谈话录

与拉贾·尼高什的谈话①

我与诺贝尔文学奖

我从未梦想过会获得诺贝尔文学奖,也从未有过这种追求,我对一些很看重它的阿拉伯作家感到奇怪。或许其中原因之一,是我们这一代人有种"洋人情结",这种情结让我们缺少自信。这个时代涌现了许多世界级文学大师,对我而言,他们是某种标志,是我的老师,如:萧伯纳、托马斯·曼②、阿纳托尔·法朗士③、萨特、加缪等。我们自己也有几位大师,如马哈茂德·阿卡德,我觉得他应该获奖,他比已获奖的一些作家或许更有才华。我从未考虑过诺贝尔奖,对此我该感谢安拉,因为我要是过分看重它,每年关注评奖结果,等待它的来临,那就没法过安宁日子了。即使到了宣布获奖的那一天,即1988年10月13日,我也没有预料到获奖。我像往常一样去《金字塔报》报社,和朋友、同事们谈了几个话题,也谈到当天应该宣布的诺贝尔奖。我说:"明天我

---

① 马哈福兹曾接受过许多采访,据此整理的访谈录也出版过多部。其中,由拉贾·尼高什与杰马勒·黑托尼两人分别整理的访谈录最为重要。马哈福兹认为:读者可借这两部著作以及《自传的回声》来全面了解他自己。现从这两部访谈录中摘译部分内容,以便读者对作家有更多了解。拉贾·尼高什(1934—2008),埃及出版家、评论家。1990年,尼高什应《金字塔报》之邀,开始对马哈福兹做为期一年多的采访,共录下近五十小时磁带,后经过整理,于1998年出版《马哈福兹回忆录》。本篇内容根据此书编译。
② 托马斯·曼(1875—1955),德国现实主义小说家。
③ 阿纳托尔·法朗士(1844—1924),法国现实主义小说家。

们就会在《金字塔报》头版,看到一条和往年一样的小消息,到底谁获奖也就知道了。"然后我回到家里,我夫人一个人在家,穿着下厨房的衣服,晚饭差不多已经备好。两个女儿上班尚未回家。晚饭后我去卧室休息,刚睡了几分钟,妻子就急着把我叫醒,说:"起床,起床!《金字塔报》来电话,说你得诺贝尔奖了!"

我醒后非常恼火,以为我妻子在胡言乱语呢。自从好几年前,她就一直念叨诺贝尔奖,说我有资格获得。所以我要她冷静点,我说获诺贝尔奖绝非易事,而且我也没去想它,我请她别对我提这回事,也别去烦神。我说我们生活很好,安居乐业,你不要有非分之想,指望出现"天方夜谭"那样的奇迹。我正说着,电话铃响了,对方是《金字塔报》一位记者,他开口就道"恭喜",我说"有什么好事?"他说我获诺贝尔奖了,见我不信,他把电话交给编辑部主任萨拉迈先生,萨拉迈显得十分高兴,说:"恭喜,恭喜!你给我们带来荣耀了!诺贝尔奖已经揭晓,您获得了文学奖!"

直到此刻,我还是以为那位记者在拿我开玩笑,从旁边找了个人模仿萨拉迈的声音。接下去的几分钟,我茫然地坐在床上,心里还是不信。然后门铃响了,妻子穿着厨衣就去开门,进来了一个高个男人,还有几人陪同。我从床上起来,穿着睡衣来到客厅,见到来客,起先以为是记者,却听一位陪同介绍:"瑞典大使阁下和夫人。"

大使祝贺我获了奖,还赠我一件小礼物,是一个玻璃杯子。我请他稍等,回房间换好衣服,这时才意识到确有其事。大使先生一走,我窄小的家就几乎成了集市,记者、摄影师和祝贺的客人全都来了,家里喜气洋洋,记者们叽叽喳喳,电话铃响个不停,有时我自己去接,有时由朋友或记者去接。问题铺天盖地一般袭来,我只能匆忙应付。我妻子一人招待来客,忙得不亦乐乎。

我又去了趟我在《金字塔报》的办公室,和同事们及前来贺喜的人们拍了数百张照片。乱哄哄之中,我想起星期四正是我和作家朋友夜谈的日子,于是我决定回家,因为香烟忘在了家里。我回家拿了烟,出门前往聚会的地方,却见有人在游行,是一大帮记者和新闻界、电视台的人士。我怕进去了再也脱不开身来,便告诉司机,让他送我去离家三公里的尼罗河宫。那儿也有人在游行,我好不容易得以脱身。然后我前去陶菲格·萨利赫家中,作家朋友们在那儿聚会,我们一直待到半夜。我坐上朋友的车,他带我在开罗街头转了一圈,回到家已是凌晨一点半。在门口我就见家里灯火通明,进去后发现妻子和两个女儿陪六个外国人坐着。妻子说他们是记者,第二天上午就要离开了,所以一定要马上采访我。我只得听天由命,洗了把脸,以缓除一整天的疲劳,然后回答了他们提出的所有问题。那一夜我通宵未眠。

我的一个女儿是从单位同事那里获悉我得奖的,所以回家时见到游行场面没觉太大意外;另一个女儿还不知此事,回家时见到房门大开,里面挤了几十个人,顿时吓坏了,以为家里煤气爆炸或是发生了其他事故,要不是屋里人马上说明原委,她都快晕过去了。

获奖后的几天里,我极度烦倦,因为家里地方小,来了那么多客人,整天挤成一团。还得感谢《金字塔报》董事长易卜拉欣先生,他知道我家里难以接待洪水一般的来客后,决定打开报社陶菲格·哈基姆的办公室,供我接待客人,还派了一男一女两个同事协助我完成这桩难事。要不是他的决定,那真会在全世界贻笑大方,因为我无法接待来自各国的那么多记者、摄影师和作家,尤其因为获奖以后,家里的书房已不像书房,无法让人就座了。若没有同事的帮忙,我也无法答复从世界各地寄来的几千封信。

此后,我同客人会面都改在报社了,也有一些客人坚持要到我家里做简短拜访,其中包括当时的总理西德基博士和一些部长。我记得穆巴拉克总统在获奖消息传出几小时后——在我赶去参加夜谈前,给我家里打来电话，祝贺我获奖。当时电话里说话的其实只有一方，就是穆巴拉克总统，因为我左耳弱听，没有听清楚他的话。同样，诺贝尔奖委员会的代表来电话时我也没听清，不知他到底说些什么，所以无法应答。当然我也没说听不清楚，当时真很尴尬。后来，穆巴拉克总统还专门授予我"尼罗河勋章"。

我可以说，我这一代的作家都未曾刻意追求诺贝尔奖，我也从未听任何人说过他可能获奖。这其中有许多原因，我刚才已谈了一些，还可以做些补充。我们当时是在为阿拉伯文学创立新的形式，有些人在长篇小说方面，有些人在短篇小说方面，还有人在戏剧或诗歌方面。凡是旨在创立一种新的文学形式的作家，不会指望获奖，他关心的是播下种子，让后来者摘取果实。当然正如我说过，"洋人情结"也有影响，我们这一代作家中就有人写完短篇小说后，随便署个外国名字以便发表。这种事我从未做过，我所有作品都署上真实姓名。

从纳赛尔时期开始，这种情结淡化了，因为我们感到一种新的精神给予我们前所未有的自信，于是有了走向世界的渴望。有些作家开始瞄准诺贝尔奖了，他们到国外介绍自己及作品，请一些机构向诺贝尔奖评委会推荐他们。从此，阿拉伯文学的形象开始引起国外注意。但我认为其中更重要的原因，在于对阿拉伯文学的学术关注和数量有限的翻译作品，从事翻译的是些专门机构，如法国的辛伯达出版社和著名的三大洲出版社。虽然这些译作主要面向大学和研究机构的东方语言学习者，而不是文学市场和普通读者，但是它为吸引诺贝尔奖评委会对阿拉伯文学的注意起了很大作用，因为评委会并不要求出版社非常著名，但起码要求文学作品被译成欧洲语言，这样才能获得评委会信赖的大学和研究机构的推荐。

有一点在此需要说明，有些人未能区别诺贝尔奖的推荐与提名，造成了一些误会。推荐由大学发起，比如亚历山大大学推荐了塔哈·侯赛因博士,最高政治委员会推荐过陶菲格·哈基姆,这些推荐不是秘密的,而是公开进行的,为众人所知。根据推荐,诺贝尔奖评委会经过咨询一些专家,确定一个提名名单,再请每一位专家为被提名作家写一份学术评语,这些专家必须保证不泄露提名的细节,以维护作家的尊严。

优素福·伊德里斯①的误会就由此而来。看来他知道某个机构向诺贝尔奖评委会推荐了他,便以为自己被提名了。正如我说过,推荐并不保密,在20世纪70年代,就曾有一个在美国或加拿大的大学——我记不确切了——教授阿拉伯文学的助教推荐过我,还给我写了一封信提及此事,我回信表示感谢,便未再关注此事。推荐只是引起别人注意,希望各方阅读某一专家的译作,而是否被提名,则是另一回事。

我获奖之后,穆巴拉克总统于1988年11月为我举行了一个庆祝会。会上,诺贝尔奖评委会的秘书告诉我,任何一位作家获奖细节要过五十年后才对外公布,到时才知道被提名人的一些情况,谁是获奖者最强的竞争者,获奖者赢得的票数多少,反对者主要有哪些意见,等等。至于在此之前,这些内幕都不做公开,以免给仍然在世的评选人员和落选作家造成不便。

据说,我几年前就被列入被提名人名单,有人说我被列入三十人的名单,也有人说是十人。我对此种种说法未予理睬,我感到奇怪:他们怎么会知道只有诺贝尔奖评委会成员才了解的消息?有时,一些很有影响、颇受尊重的报刊也登载有关消息,如《时代》杂志。有些人十分信任《时代》,似乎它是从天上降临的。其实,杂志上的报道不过是该刊文学部的观点,是为杂志工作的一些评论家拟出一份名单,推测这些人能被提名。我不知道世界级刊物的文学部是否有权向诺贝尔奖评委会推荐作家,但我知道,有影响的评论家和著名大学有权推荐。亚历山大大学就曾推荐过塔哈·侯赛因博士,他的朋友,写过《伪币制造者》

---

① 优素福·伊德里斯(1927—1991),埃及著名小说家、剧作家。

和《窄门》等小说的法国作家安德烈·纪德①也推荐过他。由前总理毛希丁领导的最高政治委员会则推荐过陶菲格·哈基姆。

在我看来,陶菲格·哈基姆比塔哈·侯赛因更有资格获诺贝尔奖,主要原因在于塔哈·侯赛因的文学创作数量有限,而陶菲格·哈基姆文学上著作颇丰,而且反映了普遍的人性,他的剧作更是如此。但他们俩生不逢时,与欧洲的文学大师们处于同一时代,因而减少了他们获诺贝尔奖的机会。陶菲格·哈基姆晚年曾极力争取得奖,而且确实很有希望。我觉得他最后一次巴黎之行是为诺贝尔奖而去的,他在巴黎还写了《彷徨的国王》一剧,可惜他的梦想未能实现。

任何一个文学评奖机构都有其长处与不足。我认为这种机构是一种文化现象,也就是说它的价值与意义来自所在国的总体文化水平。在一个落后的国家,无法设想评奖机构会是公正无私的。因此我说目前最好的机构,就是既有科学性又有经验与道德的北欧国家的评奖机构。因为这些国家跟我们情况不同,没有经历过第三世界国家经历的殖民统治、血腥战争和各种悲剧,对诺贝尔奖的信任也由此而来。

有时候,人们会感到奇怪,因为诺贝尔奖没有授予某位享誉世界的作家,却授予名望稍逊于他的作家。在我看来,其原因在于评委会主要考虑入选文学作品的人道精神和艺术水准。所以,一位只有六分才华的作家可能获奖,而另一位有九分才华的作家可能落选,因为前者的作品具有突出的人道精神。鉴于此,一些大作家未曾获奖,如格雷厄姆·格林②,因为他是个偏激的天主教徒,而评委会反对宗教偏激;意大利作家爱尔伯特·莫拉维亚③也未获奖,因为他的作品过分注重了性。

---

① 安德烈·纪德(1869—1951),法国诗人、小说家、评论家、剧作家,曾获1947年诺贝尔文学奖。
② 格雷厄姆·格林(1904—1991),英国小说家。
③ 爱尔伯特·莫拉维亚(1907—1990),意大利新闻记者、小说家。

还有人指责诺贝尔文学奖长期忽视第三世界，尤其是阿拉伯世界的作家。忽视我们现当代文学的不光是诺贝尔奖，还有那些东方学者。尽管自中世纪起就有了东方学研究，但是其研究只注意阿拉伯古代文学，对现当代文学则重视不够。在瑞典，人们也是通过当地大学中阿拉伯文学研究者来了解我们的现代文学运动。直到不久之前，整个东方获诺贝尔文学奖的只有印度诗人泰戈尔，他的获奖固然归功于他的天才，但更重要的是他找到了一座让创作通向西方世界的桥梁，因为他用英语写作。即使用母语原创的作品，也被译成了欧洲语言。因此，泰戈尔的天才得以征服欧洲，受到广泛喜爱，法国作家安德烈·纪德也为之倾倒，并将他的作品译成法文，因而泰戈尔轻易地获得了诺贝尔奖。

因此，指责诺贝尔奖偏袒并不确切，因为这个时代欧洲文学大师层出不穷，评委会无法推迟向他们授奖，而等待其他各国文学译成欧洲语言。所以我们不要责怪诺贝尔奖评委会，要责怪的是我们自己，因为我们对翻译、传播阿拉伯文学重视得太晚了。

对诺贝尔奖还有别的许多指责。美国作家欧文·华莱士[①]会晤过该奖的创立人阿尔弗雷德·诺贝尔，会晤后他说诺贝尔先生是个白痴。这是他的个人看法，他有权这么说，但这并不意味他是对的，也不意味这个看法适用于诺贝尔奖。有些人或许真有点痴愚，但他独立思考起来却表现出天才。华莱士曾写过关于诺贝尔奖的长篇小说《大奖》，对该奖做了猛烈攻击。

萧伯纳也讽刺过诺贝尔奖，形容它是"落水者获救以后得到的救生圈"。这是他一贯的讽刺风格，主要指作家都是到了晚年才获奖，而这时他们的主要目的和抱负基本都已实现。我和萧伯纳的看法有所不同。文学家只有经过长年累月的写作实践，才臻于成熟，天赋也才得以充分

---

① 欧文·华莱士（1916—1990），美国作家。

展示。奖授予太早,就成了鼓励奖或青年作家奖了,或类似于你走到哪个国家都能得到的勋章、绶带了。

而诺贝尔奖则是个大奖,有令人尊敬的评委会,有明确的条件和严格的程序,获奖者都确有真才实学。但也有一位我尊敬的作家,不知什么原因未曾获奖,他就是希腊作家卡赞扎基斯①,曾写过《佐巴》和《耶稣重新受难》。我认为他比格雷厄姆·格林和爱尔伯特·莫拉维亚更有才华,诺贝尔奖评委会不该忽视他,阻止他获奖的一定有什么重要内幕。他本人经常嘲讽诺贝尔奖和诺贝尔本人,曾说过:"一个发明了炸药并做炸药生意的人,怎么有资格为和平设奖?"或许未曾获奖的原因在于他的左派倾向和激烈革命的主张。

不管有什么批评,诺贝尔奖仍然是世界文学史上最耀眼的大奖,即便是攻击它的人也极力想获得。诺贝尔奖的重要性还不只局限于知识分子和文学爱好者的圈子,对平民百姓也十分重要。我从未想象过当我获奖的消息传开,那些淳朴的民众露出那么喜悦的眼神!现在回想起来,我真可以称之为"全民的欢乐"。有些淳朴的百姓认为,外国人长期对我们实行殖民统治,控制了我们的资源,这次获奖是我们战胜了他们。我获奖的时机,正是埃及在经济、社会和政治上面临诸多问题和困难的时候。当时,阿拉伯各国对埃及的抵制仍未解除,虽然穆巴拉克总统在处理危机时表现明智,我们同一些阿拉伯国家的关系得到恢复,但是抵制埃及的气氛依然存在,阿拉伯国家联盟及其附属机构仍然设在埃及以外②。在体育方面,由于在汉城奥运会上埃及代表队空手而归,我们都垂头丧气。在文学方面,出现了一些怀疑埃及领先地位的声音,还有人认为阿拉伯文化中心应由开罗转到别的阿拉伯国家首都。这些

---

① 卡赞扎基斯(1883—1957),希腊小说家。
② 1978年埃及和以色列签署《戴维营和平协议》后,受到多数阿拉伯国家反对,原设在开罗的阿拉伯国家联盟总部被迁至突尼斯。1990年,随着埃及与阿拉伯国家关系改善,阿盟总部迁回开罗。

说法都让我十分痛心。所以，获得诺贝尔奖可以恢复对埃及在阿拉伯世界文化上居领先地位的信心。当我接受来自阿拉伯各国和各种文化机构的祝贺时，我真是非常高兴。有些当时和埃及尚有摩擦的国家，如叙利亚，也表示祝贺。叙利亚电台、电视台都派代表对我进行访谈。一位朋友告诉我，阿萨德总统看了一遍叙利亚电视台采访我的节目，下令马上播放。巴勒斯坦解放组织的一个代表团也来我家拜访，向我转告了他们领导的祝贺和喜悦。所有阿拉伯国家都寄来了贺信，包括约旦河西岸的居民和以色列的阿拉伯人。生活在以色列的部分巴勒斯坦青年作家经常和我在山鲁佐德咖啡馆见面，谈论各种各样的话题。

我无法描述埃及普通群众对我获奖的兴奋。当我走在街上，他们会拦住我，和我拥抱，对我说出发自他们内心的话语，这些话虽然朴素，却充满爱意和尊敬。最奇特的是出租车司机对我的态度，他们争相要我上车，绝不收费，若是我非要付费，他们就拿休妻来发誓坚决不收。我只好沉默，下车时非常过意不去。

我的获奖，在埃及知识分子中反响也很好。我这里指的是广义的知识分子，不局限于作家和思想家，而是包括了医生、工程师、农艺师和大学教师等。埃及的所有组织几乎都举行了庆祝活动，法官俱乐部还授予我名誉成员资格。因此，那些攻击我、攻击诺贝尔奖的声音，那些试图贬低这一文学的、全民族的胜利的人们，没有对我造成什么影响。

纵观诺贝尔文学奖的历史，我发现任何时候、任何地方都会有类似的反对声音，获奖作家不论多么伟大，都会遭到攻击。英国作家戈尔丁[①]获奖后受到英国报纸的攻击，那些人认为格雷厄姆·格林比他更有资格获奖。在德国，有人说君特·格拉斯[②]比所有人都更应获奖。法国

---

① 威廉·杰·戈尔丁（1911—1993），英国小说家，获1983年诺贝尔文学奖。
② 君特·格拉斯（1927—2015），德国小说家，获1999年诺贝尔文学奖。

作家克洛德·西蒙①获奖时，一些评论家表示反对，他们认为应该获奖的是阿兰·罗伯—格里耶。所以，当我受到我们的一些作家攻击时，我并没有伤心、失望。带头攻击我的，是优素福·伊德里斯博士，他在与记者谈话时多次提到，是世界犹太复国主义促成我获奖，以此奖励我支持《戴维营协议》和《以埃和平条约》。很显然，这种说法根本站不住脚，我有很多驳倒它的理由。

优素福等人所说的犹太复国主义，我们作为阿拉伯知识分子，把它夸大得实在过分，仿佛它是无所不能的神灵，是它推动了宇宙的车轮，创造了历史、现在和未来。其实，那不过是一帮犹太人而已，他们有钱，有些才智，会做宣传，他们的梦想是在巴勒斯坦建立一个犹太民族的国家。为了实现这一目的，他们倚仗世界上有势力的国家，以求得他们的帮助。起先，他们找到信仰伊斯兰教的奥斯曼国王，因为他在巴勒斯坦问题上有发言权，但遭到他的反对。于是他们又去求助英国，花大力气资助英国的政客及其政策，结果获得了"贝尔福宣言"②，并得到英国对他们建国的支持，尤其是在最初的阶段。后来英帝国主义势力衰弱，美国成了新世界的主人，他们又去求诸美国，为美国提供各种好处，与政界、决策部门建立了错综复杂的关系，成为美国的最大受益者。但谁要是认为世界犹太复国主义在操纵美国政治，那他也想错了。因为美国的立场根本上是为实现美国的利益服务，只不过目前美国的利益与以色列的利益一致。而当情况有变，以色列也就会变成马达加斯加那样无足轻重的国家。美国政府在第二次海湾战争中的做法可以证明我的观点。在这次战争中，美国支持科威特和沙特，其态度比它在历次阿以战争中支持以色列更为明确与坚定。美国自己派遣军队，还

---

① 克洛德·西蒙（1913—2005），法国小说家，获1985诺贝尔文学奖。
② 1917年，英国外交大臣贝尔福致信一犹太复国主义领袖，表示英国"赞成在巴勒斯坦为犹太人建立一个民族之家"，此信后被称为"贝尔福宣言"。

动员世界上几个军事大国出兵，以保护沙特和科威特，虽然这两个国家与以色列的利益有所矛盾。这表明，美国将自己的最高利益置于一切之上。

此外，如果我们认为世界犹太复国主义与美国有相同利益，在美国有重要影响，那也并不意味它在瑞典能有同样的影响，因为瑞典既无世界野心，与世界犹太复国主义也无共同利益，绝不会唯命是从，以至屈服于压力将诺贝尔奖授予一位埃及作家。世界犹太复国主义怎么可能如此天真，竟然设法把那么重要的大奖授予一位阿拉伯作家，这么做岂不提高了以色列的头号敌人——阿拉伯人——的地位，引起了世人对阿拉伯人及阿拉伯文学的重视？如果犹太人真想鼓励某个作家的某种立场，它就会直接向他行贿，或在他银行账户里存款，而不可能设法让他获得世界文学界的最高奖项。再说，要是我得诺贝尔奖是因为我支持《以埃和平条约》，那么适合我的是诺贝尔和平奖而非文学奖。要这么说，阿多尼斯①和陶菲格·哈基姆比我更应该获奖，因为他们支持和以色列实现和平，立场比我坚定得多。

显然，伊德里斯的指责旨在诽谤和攻击，他知道有人愿意听那样的话。我猜想，他所谓的世界犹太复国主义听了这番议论一定会暗中窃笑，诺贝尔奖评委会也会暗笑。所幸的是，瑞典是个民主国家，不会受这种事情的影响。

反对我获奖的人们还鼓吹另一个说法，即西方之所以授予我诺贝尔奖，是因为我的小说含有对埃及乃至整个阿拉伯社会的激烈批判。因此，诺贝尔奖是授予了声讨我们社会的檄文，那便是我写的一系列小说，因为其中表现了我们社会是何等堕落、腐败和动荡。我的回答是：世界上的一切"文学"，都来源于愤怒与批判；真正的文学，就是对生活与社会永远的批评。狄更斯的小说是对19世纪英国社会的猛烈批判，

---

① 阿多尼斯（1930— ），叙利亚著名诗人、思想家。

甚至可以说是谴责。我阅读陀思妥耶夫斯基作品的时候，看到的是俄国社会的黑暗景象。美国文学大多也都是对美国社会的直率而激烈的批判。从古埃及至今，文学的基本职能，就一直是批判社会的锐眼，表达对消极面的愤怒，追求更美好的未来。真正的文学家通常都有一个幻想中的理想之邦，他描述它，沉醉其中，并试图通过批判现实社会而在文学中抵达那个理想之邦。因此，那些指控根本上就是错误的，它未能理解文学的基本功能。

现在该说说来自宗教人士的指责和他们的恶毒谩骂，他们何曾放过任何东西而不兴师问罪！他们抨击的火力都集中在《我们街区的孩子们》。在他们看来，这部小说攻击一切天启之教，尤其是伊斯兰教，西方人从反宗教的唯物论出发，欢迎这种攻击，所以授予我诺贝尔奖。这一指控也是毫无道理的，我有好几个理由为自己申辩：

一、对《我们街区的孩子们》的客观评论认为，它并没有攻击伊斯兰教和其他天启之教。

二、西方遵守宗教教义的虔诚信徒依然大有人在。

三、西方在阿拉伯国家、伊斯兰国家都有政治利益，诋毁伊斯兰教不符合它的利益。

四、也是最重要的，我并非因为《我们街区的孩子们》而获奖，评委会在提及这部小说时，还提到了很多作品，首先是跟宗教没有牵涉的"三部曲"。

指责我获诺贝尔奖的还不只是埃及作家，部分其他阿拉伯作家也加入他们的行列，其中有人说他自己比我更应获奖，对我授奖不过出于照顾埃及而已！我坚信，在长篇小说领域对阿拉伯人的任何奖励，都应该首先授予埃及。这个观点毫不偏激，因为它建立在事实基础上，事实是：是埃及作家奠定了现代阿拉伯长篇小说的基础。

在我看来，反对我获奖的观点中，唯一比较客观而且值得提出的，是认为应该由一个阿拉伯诗人来获诺贝尔奖，因为诗歌历来就是"阿拉伯人的文献"，比包括小说在内的其他文学形式更加悠久。然而阿拉伯诗歌的宝库没有译成欧洲文字，另外这个时代也不是诗歌的时代，环境不利于诗歌。

自从我从事文学创作，我一直按严格的计划安排自己的生活。我认为一切事务——包括我曾经喜欢的旅行——都会打乱我严格的作息制度，浪费我的时间和生命。1960年我得了糖尿病，饮食受到严格控制，此后我更加害怕旅行。我访问也门的时候，由于生活习惯被打乱了，感到非常疲劳和不适，那一次旅行让我减了十四公斤体重。

宣布我获得诺贝尔奖以后，人们跟我谈起出国领奖的问题。瑞典驻埃及大使拜访了我，一起来的有诺贝尔奖评委会的一位秘书，还有大使的内弟、剧作家兼记者赛勒马维先生。我和秘书先生进行了讨论，我为不能前去领奖而表示歉意，建议由埃及大使代我领奖并致辞。但秘书先生告诉我：诺贝尔奖评委会并非官方组织，所以不便邀请担任官方职务的大使领奖，于是我建议由赛勒马维先生代替我领奖。

客人走后，我和妻子谈起了领奖一事，她也坚决反对我去瑞典，建议由我的两个女儿法蒂玛和乌姆·库勒苏姆代领。我担心女儿可能怕旅途辛苦、场面尴尬而不愿去，但妻子说可以说服她们。她们俩也果然同意了。我妻子便独自去瑞典使馆见了大使先生，因为他来我家祝贺时妻子认识了他，还和大使夫人建立了友谊。我妻子告诉大使将由两个女儿代我领奖。

瑞典大使夫妇又拜访了我们一次，商量女儿领奖的具体事宜。我感到他们特别希望获奖者本人前去，至少也由亲属代领。大使夫妇还带我妻子、女儿去了一家时装店，挑选出席颁奖仪式的礼服。他们夫妇还坚持陪同我女儿前往瑞典。

我两个女儿登上领奖台时，显得非常美丽。颁奖者是瑞典国王，他幽默地问道："你们俩谁是领奖者？"然后把奖金颁给一个女儿，奖章给了另一个。她俩回到埃及后，谈起了在瑞典受到的热情款待，说她们游览了王家花园，发现花园竟然没有围墙。她们还谈起为她俩举行的丰盛晚宴，国王的妹妹或是姑母也出席了，第二天，女儿们竟然又在公共汽车上与她邂逅，她毫无架子，还和两人聊了天。还说瑞典人很尊重她俩不接受电视和报纸采访的愿望。在她俩返回开罗前，出版《梅达格胡同》译作的出版社坚持为两人举行了大型告别招待会。得知女儿受到友好接待，我非常高兴。

诺贝尔奖给我本人和整个阿拉伯文学带来什么影响呢？当然，能获奖我非常荣幸，我的经济状况也得到了改善。获奖对我小说的翻译乃至对阿拉伯文学的翻译都有促进作用，阿拉伯文学书籍销路增加了，许多阿拉伯作家都因此受益，他们的更多作品被译成欧洲语言。当然，诺贝尔奖使我的小说在国内外销量大增。

除了这些好的方面以外，获奖也给我造成不少麻烦。我认为这些麻烦是我们这里独有的，而并非所有获奖者都会遇到。自从宣布我获奖起，每一天都有本地或世界各地的报纸、广播和电视记者要求采访。我之所以烦恼有两个原因：一是我性格内向，不愿抛头露面；二是我年事已高，身体无法承受这么多人打扰。我记得获奖后的第二周里，日程表上排满了会见、录音、录像等内容，有一天我实在疲劳过度，坐在客厅的凳子上睡着了。后来我推迟了第二天的会见，以便恢复一下精力。许多外国电视记者来埃及拍摄节目，和文学或许毫无关系，也要在回国之前约我录制节目，甚至都未同电视台协商一下。后来忍无可忍，一位朋友提了个建议，以减少电视台，尤其是国外电视台的轮番"进攻"，他说应该像发达国家通行的那样，在录像之前收取报酬。这个建议效果不错，电视台的轮番"进攻"后来减少到可以忍受的程度。

诺贝尔奖带来的其他麻烦，就是部分作家表现出的敌意。对此，我能够颇为理智地处理与化解。帮助我克服这种敌意的，是平民百姓流露出的喜悦，我在所到之处都能感觉到，从无数来信中也能体会到。我获奖后头几个月里，曾收到大量来信，信来自所有阿拉伯国家，也来自许多欧洲国家，特别是英国、法国、德国、芬兰和瑞典。有些来信只是表示祝贺和敬意，有的还写了具体意见和评论，对后者我还必须答复。总的说来，获奖的积极方面要远远超过它带来的麻烦，最主要的是有助于改变西方各国对我们阿拉伯人的看法。这些看法在电影里，在一些有偏见的报刊中一直存在，认为阿拉伯人还是游牧民族，仍然生活在帐篷里，他们迷恋女色，骑着骆驼，拿着刀剑和匕首打仗。随着阿拉伯文学的译介，这种看法得到改变，欧洲人意识到我们是有着文化根基的社会，我们面临的现代问题和忧患，在很大程度上也是他们的问题与忧患。

走上文学之路

上小学时，我阅读了当时著名作家的作品，试图模仿他们的风格。我曾模仿过曼法鲁蒂①的散文《观点集》和《泪水集》，也曾仿效过塔哈·侯赛因的《日子》写自传小说，并取名为《年代》。1936年是我生命中一个分界线，这一年我为选择文学还是哲学经历了激烈的内心斗争，最终决定走上小说创作之路。我没把当时的想法和内心斗争告诉任何人。我明知艰难，仍然选择了小说创作的道路，而放弃了对我较易的哲学之路，虽然我已为哲学研究打下了坚实的基础。搞小说难，主要原因如下：阿拉伯文学的长篇小说极不发达，文学传统中长篇很少，现

---

① 曼法鲁蒂（1876—1924），埃及著名作家、翻译家，著有多部散文集。

代长篇作品也寥寥无几，而且更接近自传文学，如陶菲格·哈基姆[①]的《灵魂归来》、侯赛因·海卡尔[②]的《栽娜卜》和塔哈·侯赛因的《日子》；此外，走这条路还需要大量阅读阿拉伯文学和世界文学。

当时，还有一条路比较现成：写诗歌。我热爱诗歌而且也写诗，本来可以发展下去，因为阿拉伯文学中诗歌传统非常悠久，诗歌可当之无愧地称作"阿拉伯人的文献"。我之所以退缩下来，是因为没有好的记忆力，而记忆力对诗人非常重要。

我对长篇小说情有独钟。我的早期作品是几部历史小说，我的创作灵感来自阅读古埃及历史，对我影响较深的，有莱德·哈葛德[③]的作品，还有以写法老历史著称的英国作家霍克·金的作品，另外就是乔治·宰丹[④]的系列历史小说。我受宰丹启发，想通过小说来表现整个埃及历史，但这个计划后来中止了。

后来随着读书越多越深，尤其是读了大量现代文学作品后，我对历史小说失去了兴趣，内心没有这种创作欲望了。我认识到还有更重要、更深刻的问题，小说可以为处理社会问题、表达人们的困惑起一定作用，因此，我转向了现实主义小说。

在那个时期，我经常坐在咖啡馆里，观察日常生活的细节和人们的言行，因为现实主义写法要求重视哪怕是最微小的细节。这个阶段持续时间很长，一直到1952年7月革命[⑤]爆发。革命后，社会上突然出现了新的现实、新的问题和新的思维方式，这种变化让我陷入沉思，搁

---

① 陶菲格·哈基姆（1898—1987），埃及著名剧作家、小说家。《灵魂归来》是他具有自传性质的长篇小说。
② 侯赛因·海卡尔（1888—1956），埃及作家、政治家。《栽娜卜》是近代埃及第一部长篇小说。
③ 莱德·哈葛德（1856—1925），英国探险小说家。
④ 乔治·宰丹（1861—1914），黎巴嫩文学家、历史学家。曾创作了大量取材于历史的小说。
⑤ 1952年7月23日，以纳赛尔为首的"自由军官组织"发动革命，推翻法鲁克王朝，宣布成立共和国，纳赛尔于1954年担任总统。

笔达五年之久。复出后我的第一部作品就是《我们街区的孩子们》,读者一看就知道这不是现实主义一类,我没有像以往那样刻意描写细节,而是更接近象征文学。

其实,文学流派本身对我并无吸引力,对我而言,艺术流派本身只是工具而非目的。陶菲格·哈基姆却把流派当成目的,并常常呼应出现的各种流派。当马克思主义思潮在评论界占主导地位时,他写了《交易》;当欧洲和埃及盛行非理性思潮时,他写了《喂,爬树者》;当弘扬法老文明的呼声强劲时,他写了《伊西思》;在伊斯兰思想抬头并影响文化界后,他又写了许多这方面的作品,如《穆罕默德》。在每一个阶段,他都呼应着主流的文学批评思潮。我觉得,他内心有一种想法,认为自己是前驱者,有义务尝试世界文学中各种新的流派,为后来者做示范。他这种想法当然有其道理。

虽然我对文学流派本身并不感兴趣,但我对此一直认真关注,并以批评的眼光看待。有些流派我坚决拒绝,尤其是"非小说主义"。我读了这一流派的代表人物法国的阿兰·罗伯—格里耶和娜塔丽·萨洛特[①]的作品,很难理解他们想说什么。我向那些支持这一流派的评论家提议,一起坐下来读一读这个流派的任何一部作品。我说:每读一小时我准备掏出五镑钱。我真有心掏钱,我希望能弄懂这一流派,倒不是想模仿它或从中获益,而是期望获得某种艺术乐趣,可是这些评论家都逃跑了。我还试图读过有关"非小说主义"的评论文章,但是越读越糊涂。由此我探讨过一个重要问题:有些评论家认为文学必须有一点儿朦胧,我对此并不反对;因为以简单直接的方式把一切都传达给读者的浅显文学,阻碍了读者想象才能的发挥,没有向他提供思考、回味的机会。文学的本质是象征的,即使是现实主义文学也应该有些象征和朦

---

① 阿兰·罗伯—格里耶(1922—2008),娜塔丽·萨洛特(1902—1999)均为法国新小说作家。

胧，但不能过于晦涩，让读者伤透脑筋也莫名其妙。阿拉伯古诗虽然很现实、很朴素，但也包含了适度的象征。在现实主义文学中也能发现相当程度的朦胧。我的小说《梅达格胡同》出版后，评论家们为理解哈米黛这个人物颇费了一番心思。有人认为她非常生动，是生活在胡同里的平民女青年典型；也有人认为她是代表那个时期埃及社会的一个符号，因为她的境遇和埃及当时的境遇类似：她美丽，诱人，是许多人觊觎的目标，有人想用政治蒙骗她，有人想用情爱迷惑她，等等。

我为理解"非小说主义"而大伤脑筋，但理解"表现主义"却没那么费神。我读过卡夫卡等表现主义大师的作品，从中发现的是与现实平行的世界，甚至比现实更现实。《审判》写得非常好，主人公被诉有罪，而他根本不知道自己到底有何罪过。读者看起来觉得类似笑话，其实很真实，因为有时候你在大街上也能看到人在发呆，嘴里念道："安拉啊，我做了什么孽，要遭这样的不幸？"我认为这太现实了！另一部小说《变形记》，讲一个人早晨醒来发现自己变成了甲壳虫。小说很美，也容易让人理解，表达了物质社会对人天性的蹂躏。至于塞缪尔·贝克特①的小说，我根本不知所云。古怪的氛围，莫名其妙的情节，疯狂的人物，玩世不恭的世界观……这种玩世不恭无法和他某些出色的剧作相比，如《剧终》《等待戈多》等，这些剧作在文风、暗示和叙事方式方面都很出色。贝克特的剧作影响过部分阿拉伯作家，如爱德华·赫拉特②的《高墙》就曾受其影响。我读过《高墙》，非常欣赏。

我认为"非小说主义"现在已成为历史，在欧洲文坛已销声匿迹。我获诺贝尔奖以后，有几位法国作家来拜访我，我问起"非小说主义"在欧洲是否还有支持者，他们大笑起来，以嗤之以鼻的口吻说：这个流

---

① 塞缪尔·贝克特（1906—1989），爱尔兰剧作家、小说家，1969年获诺贝尔文学奖，《等待戈多》为其代表剧作。

② 爱德华·赫拉特（1926—2015），埃及小说家、评论家。

派时髦了一阵，现在已完蛋了。但让我不解的是他们把《广岛之恋》的作者杜拉斯①也归为这一派，其实杜拉斯的小说并不复杂，可以理解而且很有特色。《广岛之恋》被拍成电影就是证明，因为只有被人们理解的小说才可能拍成电影。

我还要补充几点：

一、有关长篇小说和历史的关系。我认为两者关系密切，小说展示日常生活中所有的问题、困惑与人物，这是史学家不去写的一部分历史。另外，历史和小说中都有事件、分析、观点和人物。

二、有关小说和诗歌的关系。我觉得诗是文学的灵魂。正如有的评论家指出，我的许多小说语言都充满诗意，有些小说的语言近似苏菲式诗歌，如《小偷与狗》。在《平民史诗》中，我还直接引用了许多诗歌。

无疑，各门类艺术之间是互相影响的，所以要把艺术当作整体研究，而非仅仅作为个体研究。在欧洲，艺术流派对各门艺术都有影响。比如说，浪漫主义影响波及长篇小说、短篇小说、诗歌、造型艺术乃至建筑艺术。当然这并不妨碍各门类艺术都相对独立，有各自特点。我自己是诗歌的读者、爱好者和鉴赏者，以前还曾写过诗歌，要不是记忆力的关系，我说不定还会写下去，然而命运自有其安排。

写作习惯

我在几个不同阶段遵循的生活和写作规律也有所不同。主要可分为三个阶段：担任公职期间、退休以后及获诺贝尔奖以后。

在担任公职期间，我每天中午两点下班，回家吃过午饭后，我要休息一会儿，到下午四点，我就坐在写字台前了。我连续写作三小时，然

---

① 玛格丽特·杜拉斯（1914—1996），法国女作家，著有《情人》《广岛之恋》等。

后再花三小时阅读各类书籍。我总是先写作再阅读，如果反过来，夜里我就无法入睡，因为临睡前写作会让我头疼及失眠，而第二天一早我又必须按时上班，所以一定得休息好。

每天写作不是一件容易事，因为这首先要求脑子里有酝酿好的内容。所以我的大脑一直处于思考状态。无论是在上班工作时，还是在走路时，甚至在吃饭时，我都不停地思考着，脑子里经常浮现出小说的某个细节。各种细节组合在一起，最终就构成了长篇小说。

每天坐下来写作还要求具有这方面的心理准备。刚开始，我难以一坐下来就进入写作状态，有时候拿起笔枯坐了一小时，却一个字也写不出，可是久而久之，养成了规律，我只要一坐在写字台面前，就可以写作了，尤其是当内容已经酝酿好、只等把它记录下来时，写得更是顺利。我在外面的时候，脑子里也会出现一些突然的念头和想法，我就马上记在小纸片上，以免遗忘。我在写作现实题材作品时，尤其重视随时记录一些想法。比如当我坐在咖啡馆时，一些有助于写作的想法和细节掠过大脑，我就记录下来。到后来，那些细节变得不那么重要了，因为我在作品中主要表达一些哲学思考。

在担任公职期间，我每个周四、周五①给自己放假。此外，每年夏天我都因眼睛过敏而被迫休息，从五月份到九月份整整五个月，我都无法写作。若不是上班时间需要写东西、读东西，我这五个月里就不会接触任何文字。是医生嘱咐我在夏季不能用眼过度。

我写作时有两个习惯。首先是抽烟，我读中学时就开始抽烟，一直抽到现在。起初我抽的是水烟，后来发现它太麻烦，因为没有人帮我做各种准备，我无法在家里抽水烟，只好中断写作，在睡衣外面披上外罩，走到咖啡馆去抽烟。后来我改抽烟斗，但烟斗也需别人服务，最后只好改抽卷烟。我抽烟并不凶，一天决不超过一盒烟，其中还包括发

---

① 周五（即聚礼日）是埃及和大多数伊斯兰国家的休息日。

给朋友们抽的。别人递给我的烟我都不抽，因为我只抽一个牌子的烟。抽烟之外，我还喜欢写作时有一点音乐做背景，当然不是聚精会神去听。写作时我不喝任何饮料，包括茶和咖啡。当听说有些作家必须喝酒或吸大麻才能写作时，我感到惊奇，因为我必须在大脑特别清醒、注意力特别集中时，才能持笔写作。另外，我必须在自己家书房里才能写作，在外面我写不出东西。我的所有长篇小说都是在家里完成的，只有电影剧本大部分是在咖啡馆里写的，因为剧本不像长篇小说那样需要注意力高度集中。

每写一部新小说，我先是打草稿，写得很快，信马由缰，无拘无束，通常一部长篇的草稿要写一个月。接下来的几个月便是润色、清稿，真正的创作是在这一阶段。打完草稿之后，我一般要停歇几天，让脑子从写作的思绪中摆脱出来，恢复一下脑力，然后再开始第二阶段的润色、清稿工作。从我的第一部小说到最近一部，我都是这么写的。

每天三小时的阅读和我的写作并无关系，我为自己的阅读订立了计划，每年都要读各类书籍：古籍、政治、文化、科学、世界文学等。只有当我写法老题材小说时，我的阅读才同写作有关，因为我当时想通过一系列小说来写整个埃及历史，所以必须研究古埃及学。

退休以后，我的写作习惯稍有变化。我在上午写作，所以一大早就去咖啡馆，然后回家写三个小时，整个下午和晚上我都用来阅读。

获诺贝尔奖之前，我患了视网膜萎缩症，读书和写作都非常困难，我为此十分苦恼，因为一辈子的生活规律被打乱了。我只好彻底放弃了阅读，每天在书房写作也不超过一小时。

有人对我遵循严格的生活规律感到奇怪，他们认为这种规律同文学灵感是矛盾的，文学灵感并无定时，也不会服从规律。可我认为生活规律同文学灵感并不矛盾，也许对诗人而言会有些矛盾，因为诗兴随时随地都会来临，所以诗人时刻都要准备记录灵感，即使在厕所里也不例外。至于写小说，则完全可以遵循生活规律，这并不妨碍灵感产生。世界文学史上有许多作家都遵循严格的生活规律，乔治·桑①每天夜里写作，天亮就搁笔，白天睡觉；巴尔扎克、福楼拜、托尔斯泰等人也都严守各自的作息规律。

从1987年，即获诺贝尔奖的前一年开始至今，我又面临一种奇怪的创作力枯竭的状态，不想写东西。这让我想起1952年7月革命后我中断创作的那段时期。但两个阶段又有不同，革命胜利后，我苦于找不到写作的题材，因为革命实现了我在原先小说中盼望实现的许多东西。而这一次，我觉得创作动机是有的，有许多题材、许多计划可写成长篇，但当我拿起笔来，这些动机全都消失了，内心的创作激情淡漠了，于是我只好搁笔。

究其原因，是每当我想写作时，心里总觉得要写的已是老题材了，我已经在以前的作品中涉及过；或者觉得题材无关紧要，不值得去写。其实我也知道，现在的社会存在着各种问题，其中大多数都可用作文学创作的题材，但我觉得这些都是老问题。我在《新开罗》中写了一个投机分子马赫朱卜，人们读后很吃惊，对他们而言这是一个新发现。今天马赫朱卜这样的人物有几百万个，再也没有人会感到惊奇了。所以读者会发现，我近期的所有作品中，故事都发生在过去，而不是当代。

这次中断写作的另一个原因，也是一个颇为普遍的现象：当作家年老以后，他的思考通常集中在时间、死亡和一些哲学问题上，作品会流露出伤感和怀旧的情绪。

第三个原因，是我的视力衰退，写作时感到非常疲劳。我现在的主要工作，是每周为《金字塔报》周四的《观点》栏目写一篇文章。有时也会出现一些适合短篇小说的想法，我就简短地记录几行字，希望日后能够写出来。

---

① 乔治·桑（1804—1876），法国女浪漫主义小说家。

获诺贝尔奖以后，有人问我：今后你在写作时，会不会考虑到外国读者也会像本国读者一样关注你的创作呢？其实，我写作的动机并未发生变化，我忠实于内心的想法，持笔写作时，我把一切都置之度外，我考虑的只是满足自己的兴趣和爱好。此外，我是以本地语言写作的，国外读者只能通过译文阅读，而选择及翻译的过程与我无关。但无论如何，我不怕以作品面对别人。

公职与文学

1934年我大学毕业后，先后在开罗大学院部、宗教基金部、议会、文化部电影局担任公职。

我担任公职期间，接触到各式人物，这对我的写作影响极大。但是公职作为一种生活规律和谋生手段，似乎也有害处。因为连续三十七年，每天我都有半天时间消耗在公职中，这个损失太大。然而，公职又让我学会有规律地生活，让我珍惜剩余的半天，把它献给文学，用以阅读与写作，我学会了劳逸结合，有规律地安排好生活的每一分钟，这是公职带来的积极影响。在埃及，作家不可能只靠写作谋生。如果在欧洲，要是我出了一本好书，我的生活就会改变，可以辞去公职，全身心投入文学，因为出色的作家收入颇丰，完全可以专心写作。

公职生活给我提供了我原先生活中没有的人物类型。我原先了解的，是家庭成员和邻里，是中小学、大学和咖啡馆里的人物。而通过担任公职，我又了解到其他各类活生生的人物。我知道了公职在我们社会的位置，认识到埃及现在是一个官本位的社会，价值体现在官僚的价值和职务的高低。所有人都指望谋个公职，连工程师等专业人员也宁可晋升为管理者，而不惜放弃他擅长的专业；他的最高目的，就是升为部长助理等。公职重于一切，它是价值、地位的集中，有了它，就有头有脸、有权有势了，国家的奖励都给了那些政府要员。所以，当看到一个优秀的作家想在新闻机构或报社谋职，或想主管一个文学版面时，我也就不以为奇。这种人想的是靠位置成为明星，而不是凭真正的才干。或许他们作品不错，值得称道，但他们只有身居要职后才能出人头地。

马哈茂德·阿卡德是个例外。他未担任公职，也没有官衔，却是个德高望重的人物。所有部长都唯恐被他抨击，因为他在人民中极有影响力，他是官僚们害怕的唯一一个非官僚。自法老时代起，埃及就是官僚的国家。法老是神，手下的官员俨如他的先知和使者。现在的埃及社会也认同这种对公职的看法。诊所里的医生如果不在卫生部或医学院任职，病人就不去找他看病。每年有几千镑高收入的著名律师，可能会关闭他的事务所，而去担任部长顾问，并认为这是高升。埃及的社会结构自古就是如此，当年米纳①希望统一上下埃及，保障农民生活，分配水源，就往各地派遣代表，从那时起，就形成了神圣的官僚职务体制。因此，大多数埃及人把官员视为神的代表，而鄙薄智慧、审美和技艺。我们还记得米纳，还记得胡夫，但不知道谁是金字塔这一建筑奇迹的设计者，不知道建它的工程师的名字。这非常不好。我们多数古代艺术都是无名氏的创作，有时仅能从墙上见到工匠类似签名的标记。

随着社会对公职看法的改变，我们也开始尊重人们为改善生活而从事的所有工作，无论这工作多么不起眼。这种新观点有可能加深我们对民主的理解。如果我们见到一位前部长开了家书店，或者总统卸任后过上平民生活，和我们一起坐在雷什咖啡馆喝咖啡，我们应该视为正常。这才是真正的民主精神，但愿能在我国逐渐实现。

我曾在宗教基金部、议会和大学管理部门工作过。在宗教基金部，我接待有权继承老式家庭不动产的人士。反映到部长的问题，由我直接处理答复，或让议员代为答复。在议会，我目睹了党派的争斗，我发

---

① 米纳及下文中的胡夫均为古埃及的法老，即国王。

现许多人为了党派之争和个人私利，明目张胆地损害公众利益。在大学，我和另外类型的人物接触。我见到的人和事，在我许多小说中都有不同程度的反映。可以说，公职、咖啡馆和胡同，是我文学素材的三大来源。

卡米勒·基拉尼先生，这位非常风趣的学者、艺术家和儿童文学作家，也曾在宗教基金部任职。有一天他告诉我：切不可暴露你作家的身份，而应默默无闻地工作，即使有人问起：是你在报纸上发表了小说吗？你也应该否认。因为卡米勒本人曾为此尝过苦头，被人嘲讽和嫉恨。如果部长也是个文学爱好者，所有的官僚都会闹翻天。部长为他提级时，下面人愤愤不平，讥讽他是"写小儿书的作家"。而当看到许多访问埃及的阿拉伯代表团，其中还有部长，都来办公室见他时，他们更是怀恨在心。所以，卡米勒告诫我不要对部里同事说自己是作家，以免在他们艰难的生活中再添新愁，令他们感觉到来自自己的威胁。我接受了这个忠告，尽量隐瞒身份。当我离开宗教基金部时，只有两三个人知道我是作家。

童年与家庭

我于1911年12月11日出生在开罗市侯赛因区[①]，从此，这个地方就在我心中扎下了根。我走在那里，会感到一种非常奇异的兴奋，几乎是恋人般的兴奋。我经常对它产生思念，到了痛苦的地步，而只有动笔写它时，这种思念的痛苦才会平息。即使到后来迫于环境，我们举家迁至阿拔西耶以后，走访侯赛因区仍是我最大的精神乐趣。我读中小学期间，每逢暑假就要和伙伴们去侯赛因区熬夜。我对这个区的热爱

---

① 侯赛因区位于开罗老城，因侯赛因清真寺而得名。下文提到的杰马利耶，是位于侯赛因区内的一个街区。

也感染了他们，我们每次熬夜聚会，都要去侯赛因区。有时在那里听乌姆·库勒苏姆①唱歌，到了后半夜我们仍不肯回家，而是到费夏维咖啡馆坐上半天，一边喝茶、抽水烟，一边聊天漫谈。

我母亲并不识字，但我认为她的民间文化知识十分丰富。她敬仰先贤侯赛因，经常去拜谒他的灵柩，当我们住在杰马利耶时，她每天都要我陪她拜谒圣陵。迁到阿拔西耶后，她就独自一人前去。因为那时我已长大，不再是那个百依百顺的儿童，再让我跟在她后面已不太容易。我陪她前去的时候，她让我一走进清真寺就读《古兰经》的《开端章》，还要我亲吻先贤墓，这些事情在我心里留下了肃穆和敬畏的记忆。

我母亲还经常去参观埃及博物馆，大部分时间都待在木乃伊展厅里。对此我也不知该如何解释，因为按照常理，她既然那么热爱先贤侯赛因和伊斯兰的遗迹，就不会再对法老的雕塑感兴趣。此外，她对参观科普特②的遗迹也很有兴致，尤其是常去一家修道院。事实上我也深受她这种宽容精神的影响。埃及人民并不偏执，这是真正的伊斯兰精神。

现在我们家的女性在外国人办的学校里读过书，精通几门外语，会演奏乐器；尽管如此，她们却不具备我母亲的文化素养，也不像她那样迷恋古迹。我认为母亲比当今的女性更热爱传统，也更有品位。除了迷恋古迹外，母亲还喜欢听歌，尤其是赛义德·达尔维什③的歌。

我与母亲的关系比与父亲的关系更为密切。原因之一，是父亲一直在外忙于工作，而母亲则经常和我在一起；原因之二，是父亲1937年就已去世，而此后母亲又生活了很长时间，高寿超过百年，她在1968年——即我获得"国家文学表彰奖"的那一年——才去世。我在1954年结婚之前，一直和母亲住在阿拔西耶的家中。

---

① 乌姆·库勒苏姆（1898—1975），埃及著名女歌唱家。
② 科普特，指古埃及人的后裔，在现代埃及属少数民族，一般信基督教。
③ 赛义德·达尔维什（1892—1923），埃及著名民歌演唱家。

我有两个哥哥和四个姐姐，尽管如此，父母还是把我当独子一般对待。因为其他子女结婚后都住在外面，离父母家较远，我和最小的哥哥年龄上也有十岁的差距。因此，母亲对我格外厚爱，出门时总要带上我。我们居住的那一带街道狭窄，又弯曲多岔，母亲老怕我走丢了，因为经常听人沿街叫喊，寻找丢失的孩子。母亲爱养家禽，所以我们家屋顶成了动物园。我也喜欢那些家禽，我和小鸡、母鸡、兔子度过了最愉快的时光。有时母亲也让我在自家门前同邻居孩子玩耍。小时候父亲总是宠我，后来我越发淘气，父亲的管教也严厉起来，最后把我送到私塾了事。那时我固然尚未懂事，但家里人对我都挺好，所以，我的童年是幸福的。当然也难免一些不太愉快的记忆，如私塾、父亲后来的严厉管教，等等。

上小学后，我热爱学习了，并变得富有责任感，学习总是名列前茅。父亲为此觉得很光荣，又开始宠爱我，增加了给我的礼物和零用钱，我的许多小伙伴还以为我来自富人家庭呢。整个小学、中学期间，我同父亲的关系都很好，从未听他逼迫我学习。在我偶尔倦怠的时候，他也从未威吓、警告我，因为他发现我重视学习，有求知欲。中学毕业时，父亲希望我上法学院或医学院，今后做个检察官或者医生。在他看来，这两种职业是埃及最好的职业。所以，当听说我想上文学院哲学系时，他感到震惊，说："儿子，还是读法律好，像你表兄那样做个检察官，走路还有警卫跟着。"我俩为此商量了多次。在当时，父子间这种民主协商还很稀罕，因为父亲有权决定一切。看来由于家里孩子多（四女三男），父亲也学会灵活行事了。

事实上，我周围所有人都对我选择文学院感到惊奇，因为我理科成绩很好。中学分科时我选了文科，老师们说："你这是闹什么呢？"好像我做了错事一样。他们还曾打过赌，说我读理科准有出息。他们的想法也有道理，因为我的文科成绩很勉强，尤其是地理、历史和英、法两门外语，好不容易才取得中等成绩；文科中我唯一突出的便是阿拉伯语。尽管如此，我在高中时选了文科，并于1930年顺利毕业。那一年全国共有两万名高中毕业生，我的成绩是六十分，在学校排前二十名。凭这个分数我可以免费上法学院，但我还是选择了文学院哲学系。

说真的，我父亲相当宽容、民主，并不固执、暴躁。他和"三部曲"中的主人公艾哈迈德·阿卜杜·贾瓦德先生没有关系，那个人物主要是以我们一个邻居为原型的。我父母两人夫妻恩爱，相敬如宾，从未吵过架。虽然母亲有一点儿神经质，有时嗓门大些，但她很敬重丈夫，在他进出家门时都要起立，还帮他穿衣，照料他的饮食。父亲去世时她伤心得难以描述。在我们东方社会里，父亲是家庭的支柱，安拉若赐你一个不喝酒、不赌博的本分父亲，那是很大的恩惠了。

恋爱与婚姻

我的童年是在杰马利耶度过的，那时我们可以和同龄女孩子一起玩耍，尤其是在斋月里。这种孩子间的友谊一直保持到女孩子进入青春期，此后她们便待在家里，等待嫁人。在那个天真烂漫的时期，我经历了第一次恋情。那是一段短促而纯洁的故事，我们迁到阿拔西耶后就终结了。

在阿拔西耶，我经历了平生真正的初恋。那段故事说来奇怪，每次回想起来，我都会感到惊奇。那时我刚要迈入青春期，在此之前，我和女孩子无非是戏耍逗趣的关系，偶尔也有点出格。我当时宗教感特别浓厚，为这小小的出格感到内疚，乃至每天都要向安拉忏悔，这种良心不安的折磨一直持续到认识她为止。那时候我和伙伴们在街上踢足球，她家就在我们玩的地方的楼上。有一天我正在踢球，突然被阳台探出的一张迷人的脸吸引。那一年我十三岁，而她二十岁，长得很美，是阿拔西耶一户颇有名望家庭的孩子。她就像蒙娜丽莎一样，一下子吸引了我。引起我注意的，除了她的美丽以外，还有她不同于我认识过的所有女孩的气质。她不像这一带姑娘那么保守，相貌和举止都有点像欧洲人，这在当时还不多见。

我一直远远地单恋着这位美丽的姑娘，没有勇气和她说话，或让她知道我默默的恋情，能看到她我就心满意足。我最大的幸福，便是在踢完球之后，在太阳落山之前坐在地上，眼光投向她家阳台，眺望她美丽的脸庞。这种默默的恋情持续了整整一年。后来，她出嫁搬走了，我感到无比惆怅。一开始我就知道这种爱是不现实的，但我仍然迷恋她，默默忍受了一年，连一次话也未同她说过。她出嫁的消息让我大为震动，后来便再未听到她的音讯。随着时间的流逝，我炽热的相思也渐渐冷却。后来我大学毕业，担任公职并开始了文学生涯，自己也结了婚，自然对此更加淡忘了。然而我对她的爱却未曾完全消失，而是一直保存在我的内心和记忆中。多年以后，大约是1951年，我去海滨避暑，在那儿邂逅了她的姐姐一家人，其中有一个人我还认识。我觉得这是和他们交谈的良机，于是了解到这个家庭来自北部的杜姆亚特市，后迁居开罗。我们交谈了很长时间，但我始终没有勇气直接或间接打听我昔日的恋人。我在"三部曲"之二《思宫街》中描写了这段恋情，不过做了加工，以吻合我为小说设定的总体框架。我承认"三部曲"主人公凯马勒和我有许多共同点，我们的初恋故事也类似，不同的是凯马勒最终得到了他的恋人。

在我结婚之前，我的生活是放荡不羁的。我是那些公开或秘密的花街柳巷的常客，谁在那个时候见过我，都无法相信生活如此放荡、甚至可以被称为性动物的人，怎么可能懂得爱与婚姻。当时我对妇女的看法纯粹是基于性的，虽然有时也带一些尊敬，但谈不上有什么感情。后来我的看法有了改变，在我考虑结婚、过稳定生活的时候，这种看法更加客观了。

我同阿提叶拉的婚姻,是非常实际的,也就是说我选择了适合我的妻子。婚前我们之间并没有恋爱故事。我需要的是一个贤内助,她能为我的写作创造合适的条件,同时又不干扰我的生活,并能理解我不是一个社交人士,不愿与别人过多来往,而希望将一生奉献给文学。我发现阿提叶拉对此颇能理解,具备适合我的这些条件。她能给我创造良好的气氛,让我埋头写作与阅读。即使当我兄长姐姐们例行来看望我时,也由她出面接待,陪他们谈话,而我继续待在书房,不在这些社交义务上浪费时间。

但这并不是说我根本不顾妻子。在我结束工作、她也做完家务的闲暇时间,我们会一起听收音机或看电视。我们的两个女儿乌姆·库勒苏姆和法蒂玛出生后,全家每周都有一天出门游玩,通常是去看最新的电影,或去公园。现在我和妻子已很难出门了,其中有我的健康原因。我从未就我的任何一部作品征求过妻子和女儿的意见,也未在作品出版之前先让她们阅读,她们是和普通读者一样在作品面世后才读到。由我小说改编的电影或电视剧,她们也是和普通观众同时看到,她们也发表一些意见,不过通常都谈些并不专业的印象,所以在艺术上对我益处不大。

不瞒你说,我原先根本没有想过结婚,认为婚姻会妨碍我对文学的热爱,因为我已决定将所有时间、所有精力献给文学。我过去的生活也助长了这种想法,因为我从小就受人照顾。在家里母亲替我准备好饭菜、衣着,为我整理房间,生活一直很有规律,没有什么困难,也不曾远离亲人去外地生活过。母亲上了岁数、体弱多病以后,无法像往常一样料理那么多的家务。于是我开始感到孤独,母亲也意识到我该结婚了,在我面前提了多次,但我每次都找出各种理由予以拒绝。母亲仍不甘心,反复说服我,还真替我从亲戚家物色了一个姑娘。她对姑娘的母亲提出此事，那做母亲的很欢迎我，因为她们家非常富有，许多男人都盯着姑娘，她家里怕受不知根底的男人欺骗，不但给姑娘带来不幸，还会糟蹋家里钱财。而我来自同一家族，不会贪心他们的钱财，也肯定会疼爱姑娘。我经过考虑，认为这种婚姻有损我的尊严，因为姑娘经济条件太好，在最好的外国学校里接受过教育，在物质方面我们是不平等的，她不必和一位很有个性、生活方式与众不同的作家结婚，在婚后也无法控制住我。凭她的优越条件，她可以找一个更富有、更稳定、更能带给她生活中所有乐趣的男人。我拒绝了母亲的建议，后来听说女方愿意承担从嫁妆、彩礼到置办家具的一切费用时，我更是表示反对。又过了许多年，我结识了阿提叶拉，认为她具备我这个作家想要的一些条件，我们便暗中结了婚。此事一直瞒着我母亲，我和妻子住在我一个哥哥家里，以免母亲发火，她为我安排的是富裕亲戚家的女儿，我当着所有人的面违背了她的意愿，不敢把同别人结婚的消息突然告诉她。

过了这么多年，我无法否认妻子为我做了很多牺牲，是她帮助我执行我为自己制定的严格的生活规律，为我提供了良好的写作环境，尽可能让我远离各种干扰。如果说在我的成就里还有别人的功劳，那应该首推我的妻子。愿安拉赐福于她。

我和当权者的麻烦

"我不是当官从政的料。"这句话是事实，没有丝毫的夸张。当官从来就不是我的追求和目标，原因很简单，我无法既当官又搞文学。视文学为神圣、酷爱手中之笔的作家，是不愿靠近权势，招惹那么多的烦闷、苦恼和冗务的。在我担任电影局长的一年半时间里，我未曾读过、写过一个字，所有的时间都用来处理公务，都在忙忙碌碌中耽误了。

当官与我的性情不符，而且有碍我的基本工作，即文学。我一直真正的梦想，是文学和艺术的权威，而不是官场的权威。如果文学家应用得当，文学本身是可以具有权威、产生影响的，文学家通过作品，可以影响并左右公众舆论，尤其是当他的作品变成电影、电视剧、戏剧等大众文化形式时。高尚文学的权威比政治的权威，影响也更久远。

不过我要强调，这是我的个人观点，并不可强加于人，我也并不责备那些从政或希望当官的作家、思想家。通过政治，作家或许能更好地为文学和生活服务，比他写一本小说起更大的作用。有很多例子表明，文学家、思想家担任要职以后，为文化生活乃至整个社会都做出了巨大贡献。塔哈·侯赛因博士如果不从政，自1950年至1952年担任教育部长，他就无法贯彻他的教育思想，实践他著名的口号："教育如同水和空气一样必不可少。"

陶菲格·哈基姆或许与我观点一致，是认为文学权威高于政治权威的少数人之一。他虽然官至副检察长，仍然提出辞呈，离开了检察机关。为了文学而放弃如此要职，在许多人眼里或许是个疯子。

为了文学，我也远离了政治。无论在革命前后，我都未加入过任何政党或政治组织。我曾是华夫脱党的支持者，或者说是热爱者，我对该党的忠诚不亚于任何一位党的领袖，每一次议会选举，我都投华夫脱党的票；我年轻时，一有机会，就会参加支持华夫脱党的示威游行。但尽管如此，我并未加入该党的各种委员会，和该党也无任何正式关系。

1954年我在多年独身之后结了婚，许多朋友以为我因为有了家庭，评论社会、针砭时弊的勇气将会减弱；还预计家庭义务将迫使我变得平和，避免和当政者冲突。然而他们都预料错了，因为我的作品变得更激烈、更大胆。这其中有多种原因：首先，当我执笔写作时，我把恐惧、责任、家庭乃至我自己都置之度外；其次，我的批评一般都很客观，光明磊落，我不认为自己大逆不道。1952年7月革命的领导人都知道我不是革命的敌人，对于我当时认为是正确的、必然的许多决定，我都表示支持，如收回苏伊士运河、实行免费教育、与叙利亚合并①、出兵也门②，等等。所以，我并未反对统治政权，也没有哪位主要领导把我视为敌人。我还曾和革命政权的负责人之一优素福·西巴伊③在小说俱乐部共事，和海卡尔④在《金字塔报》一起工作，而海卡尔是和纳赛尔关系最密切的作家和报人，是纳赛尔及其政权的代言人。1957年，即在革命政权执政期间，我获得了"国家文学奖"，纳赛尔总统还亲自向我授予一级勋章。

我任何一部作品中对"七月革命"的批评，都不是针对革命政权，我批评的是政权内部缺少民主。其实民主并非这个政权的禁忌，而是革命的第六个原则，革命政权曾宣布致力实现民主。或许赛尔瓦·阿巴扎⑤是唯一写小说直接抨击革命政权的作家，他在小说《一丝恐惧》中明确表明对革命的态度，毫不含糊地宣布该政权是非法的，它和埃及的"婚姻"是荒唐的。讲到这里，我倒并不是说自己"生活在蜜罐里"，远离着危险和麻烦，相反，好几次我曾险些堕入深渊。

第一次麻烦是由我发表在《金字塔报》上的短篇小说《火车司机》引起的。小说刊出后，文化界议论纷纷，说我影射纳赛尔总统。小说讲的是火车司机丧失了理智，酿成一场可怕的车祸。大部分人认为我暗指纳赛尔把埃及引向灾难。如此解读的后果可想而知！从朋友们打来的电话中，我意识到问题的严重性。有人预测我将被捕，一位朋友半夜三更突然打来电话，不为别的，只想知道我和家人是否安然无恙。所

---

① 埃及和叙利亚曾于1958年宣布合并，称"阿拉伯联合共和国"。1961年叙利亚宣布脱离阿联。
② 1962年，以也门青年军官萨拉勒为首的"自由军官组织"发动政变，宣布推翻君主政权，建立共和国，也门遂爆发内战。同年，纳赛尔应也门新政府请求，派军队前去支援。1967年中东战争后，埃及军队撤出也门。
③ 优素福·西巴伊（1917—1978），埃及作家、社会活动家，曾任文化部部长。
④ 哈桑宁·海卡尔（1923—2016），埃及著名报人，曾任《金字塔报》主编。
⑤ 赛尔瓦·阿巴扎（1927—2002），埃及作家、评论家。

有这一切都让我产生大难临头的预感。把我从这一困境中解救出来的，是当时《文化》杂志的主编艾布·哈迪德先生，我和他素不相识，但他在杂志的创刊号上发表了一篇评论《火车司机》的文章，结论是小说象征了东西方的冲突，确切而言是美国和苏联的冲突，这种冲突将导致地球的毁灭，而小说中的火车就象征地球。

感谢安拉，艾布·哈迪德做了这样的解读，我踏实了许多，仿佛他的文章除掉了我心头的重负。我甚至颇不明智地给他打去电话表示感谢，其实这样做反而会加深别人的怀疑。总之，我不会忘记艾布·哈迪德的义举，他当时知道小说给我造成了麻烦，便挺身助我度过了这次危机。

第二次麻烦是由小说《尼罗河上的絮语》引起的。小说出版后，阿米尔元帅①为之大怒，说要给我一点儿颜色看看，因为小说对社会阴暗面做了猛烈的抨击。有人还听他说过："马哈福兹后面有势力撑腰，应该教训他一下，让他收敛起来。"生活在那个年代的人都知道，阿米尔元帅说出"应该教训他一下"意味着什么。

赛尔瓦·欧卡什博士来祝贺我获诺贝尔奖时，对我道出了有关小说《尼罗河上的絮语》"麻烦"的一些内幕。他当时任文化部部长，有一次在去意大利访问前，纳赛尔召见了他，问他是否读过那部小说，他说还没读，纳赛尔便让他读一下，等访问结束后谈谈他对该小说的看法。欧卡什便在访问期间抽空读了小说，回国后在纳赛尔面前为此书做了辩护，驳斥了一些人的攻击。他向总统强调，作者想引起人们对既有错误的重视，而并非别有用心地攻击现政权。他还说："文学应该有一点儿自由，以反映社会的真实状况。如果这点儿自由也被压制，文学的影

---

① 阿米尔元帅，"自由军官组织"主要成员之一，曾协助纳赛尔发动1952年革命，并长期担任武装部队总司令。后与纳赛尔矛盾激化，1967年8月曾试图发动兵变，计划败露后服毒自杀。

响也就消失殆尽了。"欧卡什成功地让纳赛尔相信：文学享有自由本身，就是一种最好的对外宣传。最后纳赛尔对欧卡什说："这个问题到此为止。"由于纳赛尔的干预，阿米尔元帅也收回了对我的威胁。

小说《我们街区的孩子们》在《金字塔报》连载时，我在每周一次的座谈会上，发现有一位新来的姑娘，后来知道她是纳赛尔总统的私人代表哈桑博士的外甥女。这个姑娘很可爱，我现在记不起她的姓名了。有一次座谈会结束后，她小声告诉我，一位高级军官曾带领一批军人乘车去我家抓我，车快到我家时，他们接到中止行动并返回的命令。姑娘没有透露其他细节。我不知这一说法是否属实，也未曾想去证实它。但在刊载小说期间，我妻子总说有人在监视她，她一出门就被陌生人跟踪，如果我走路留神，说不定也会发现有人监视。但我经常边走路边思考问题，所以对此没有留意。

所有这些麻烦，同1967年战败后发生的一切相比，都是小巫见大巫了。那一切不但与我有关，而且牵涉埃及所有的作家。我的大部分问题，都和《金字塔报》管理层有关。海卡尔拒绝发表我的小说《镜子》，结果由拉贾·尼高什发表在《广播与电视》杂志上；巴哈丁教授任《金字塔报》主编时，拒绝发表小说《雨中的爱》，后来也由尼高什发表在《青春》杂志上，不过被审查部门做了许多删减。而《卡纳克咖啡馆》，则是为我带来麻烦最多的小说。我最初把稿子交给海卡尔，他读后认为这是对纳赛尔时代的直接抨击，便拿着稿子去陶菲格·哈基姆办公室抱怨。哈基姆后来告诉我，海卡尔当时对他愤愤而言："你能满意吗？看看马哈福兹交给我的是什么东西！"

在我所有小说中，《卡纳克咖啡馆》占有特殊的位置。我在雷什咖啡馆听到纳赛尔时代政治犯在监狱和拘留所里受虐待的情况，感到非常痛心。我想：若写这个题材要冒风险，大部分作家出于害怕不敢涉足，但我为什么不写一下呢？我没有被拘捕的经历，也不了解监狱的细节，但可以用叙述者的口吻讲述事件。小说写完后，我交给埃及书店的萨哈尔先生出版。当时通行的做法，是出版商收集好书稿，交给审查部门。那时任审查官的塔拉特先生几乎每天都给我打电话，要求删除某个段落，或改动某个句子，或对某一种观点表示反对。等小说出版后，我发现已经面目全非，印成的书与原稿有很大出入。我大为不满，要求萨哈尔停止出版。但他告诉我：停印对他而言意味着很大的物质损失，既然小说已经付印，我想撤稿就要自己承担损失。通过与萨哈尔家族的交往，我发现他们都是很精明的商人，首先考虑的总是利润和物质上不受损失。无奈中我只好听天由命，同意出版这部被人篡改的作品。《卡纳克咖啡馆》和《雨中的爱》是我仅有的被别人篡改走样的长篇。可惜我已找不到两部小说的原稿，无法按原貌重印。

　　纳赛尔时期的领导人相信我的写作是出于好意，我是为了祖国利益而提出批评。我认为纳赛尔本人也了解这一事实，《尼罗河上的絮语》出版后他为我主持公道就是一个证明。我同纳赛尔唯一一次面对面交谈，是在他视察《金字塔报》报社新址时。那天他在海卡尔的陪同下，走进《金字塔报》专栏作家等候接见的房间，和我握手时，他笑着对我说："怎么啦，纳吉布，有一段时间没读到你的东西了？"海卡尔插话说："明天报上就要登他的一个短篇小说。"然后又补充了一句："不过那是能惹祸的小说。"纳赛尔听后转向海卡尔说："是怕给你惹祸吧！"因此，我总有一种坦然、被信任的感觉，觉得自己不会被人出卖。这种信心虽然也曾动摇过，但并非毫无根据。主要根据便是所有引发危机的文学作品，只要由纳赛尔来评判，他一般都能说些好话，立场是倾向于言论自由的。

　　我另一部小说《米拉玛尔公寓》先在《金字塔报》全文发表，后来又改编成电影。社会主义联盟的一些成员看了一次专场，他们对电影大为不满，说是对现政权的公然挑衅，要求停映。电影制片人气得要发疯,逢人便诉说此事。后来消息传到纳赛尔那里,他委托副总统萨达特审看影片,然后写个报告,以便做出公断。当我听说萨达特要来评判是非,心想这下电影可算完了。在萨达特看完电影的次日,《金字塔报》登载的一条消息让我大为吃惊:萨达特不但同意放映影片,还做了一个等于是为电影宣传的声明。他说电影根本没有反对政府,并号召群众去观看这部电影。我额手称庆,但直到纳赛尔去世后才明白其中缘由,了解到萨达特的举动纯粹出于他对社会主义联盟的反感,想要刁难他们。由于萨达特的宣传,那部电影上座率极高,连映了十九个星期,创造了当时电影连映的最高纪录。

我刚才说过,我对革命政权的信任也曾有过动摇。还记得演员法里德曾向文化部部长欧卡什博士建议,拍一部有关埃及情报人员事迹的电影,并请他向情报部门申请资助。欧卡什表示同意,并让我担任编剧。我写完剧本,欧卡什把我叫去他的办公室,然后让我去见情报局的负责人,征求他们对剧本的意见,了解他们对资助电影的意向。我问清楚情报局的位置后前去见人。我来到主管此类事务的情报局副局长塔拉特的办公室,自我介绍说:"电影局局长纳吉布·马哈福兹。"我走进办公室时,发现里面还有一个人在盯着我,做出要走的样子,但塔拉特请他留下稍等,因为他也可以参加我们有关电影的讨论。此人未做自我介绍,就开始同我谈话,说他暑期读了"三部曲"的《宫间街》,非常欣赏。然后他又谈起《我们街区的孩子们》,也提及小说引发的问题,并问我写作意图到底是什么,是否如别人指控的那样亵渎宗教。后来塔拉特把话题转到讨论的正题即电影上,经过简短商量,他说情报局原则上没有异议,至于资助问题,还需同欧卡什博士细商。会面就此结束,我告辞回家。几个月之后,我在《金字塔报》头版见到一张纳赛尔非洲之行的照片,在他身后站着的一人似曾相识,我仔细端详,认出他就是在塔拉特办公室同我谈话的那人。别人说他就是情报局局长萨拉赫，我感到非常吃惊！我脑子里突然蹦出了一个念头：我去情报局是有人预先安排的，他们想间接了解《我们街区的孩子们》的情况。有朋友告诉我，情报局认为这部小说矛头直指政府，并从中嗅到了"阴谋的气味"。更有朋友认为，爱资哈尔①挑起的有关小说的风波，也是由情报局一手策划，他们想激起著名宗教机构的愤怒，达到整我的目的。但我不太相信这些说法：首先欧卡什不可能参加预谋，让我在不知情的情况下前往情报局讨论小说；其次情报局如掌握确凿证据表明小说反对政府，就可以直接将我送上法庭。但有几个疑问至今仍令我百思不得其解：为什么萨拉赫以这种方式出现在塔拉特的办公室？为什么他没有做自我介绍？为什么他恰恰问起《我们街区的孩子们》？

我和官方的关系中最困难的一个时期，就是萨达特执政初期。我指的是由陶菲格·哈基姆起草、包括我在内的许多作家签名的那份著名声明造成的后果。那份声明对埃及当时所处的不战不和局面表示不满。我记得那件事发生于1973年2月，此后不久，做出了撤销签名人职务、禁止他们写作的决定，报纸登出了被禁止写作人的姓名。我和哈基姆虽未列入这个名单，但也都被勒令停止写作。《金字塔报》停止登载我的作品，我和许多签名人一样，还被禁止对广播、电视发表谈话。对我而言，还有一种附加的惩罚，即不许电视台播出我创作的电影，无论是由我小说改编的还是我参加编剧的电影。而最让我痛心的惩罚，则是一些我原先视为朋友的作家对我的猛烈攻击……

我可以问心无愧地说：我通过小说说出了自己想说的一切，我在纳赛尔执政期间表达了自己的所有观点；我无法明确表示的想法，则通过象征传达给人们。艺术的伟大之处在于：艺术家可以用间接的方式进

---

① 爱资哈尔，埃及著名大学，为伊斯兰教学习中心，主要开设伊斯兰法律、神学等课程。

行批评、反抗，说出心中的一切。我反对情报部门的许多做法，于是写了一部类似于幻想作品的短篇小说《废品》，讽刺那些做法，而且顺利发表了。

我认为纳赛尔时期文学艺术得到了很大发展，这部分归因于执政者，因为他们允许一定程度的自由，他们认为这些自由给人们提供了合理宣泄的机会，而过分压制则必将导致爆炸。另外，艺术自由还是对外宣传政府、改善政府在世界上形象的最好方式，尤其会在阿拉伯世界产生良好反响。记得一位朋友告诉我，我因为《我们街区的孩子们》同爱资哈尔产生冲突时，她正在摩洛哥，当地大学生中传出了我被捕的消息，于是他们开始罢课，并上街游行要求释放我。这当然是个谣言，因为我没有被捕，但埃及政府肯定知道压制艺术家会导致什么后果，肯定明白这么做会在阿拉伯世界造成恶劣影响。因此，给予一定自由确是明智之举。有时候做法更宽松一些，明确反对某些政策的作品也能问世，如谢尔高维①的剧作《青年穆赫朗》明确反对埃及卷入也门战争，但也得到上演。

在纳赛尔时期，虽然艺术享有自由，思想却遭到严厉的压制。这是因为思想不像艺术那样用象征、隐喻等曲笔表达，思想著作是明白、直接的，因而思想家只要逾越红线就会遇到铁拳。政府不允许思想家在敏感问题上争鸣，发表异议。路易斯·阿瓦德②博士在文学院讲课时批评了"阿拉伯民族主义"思想，结果被免除大学教授及文化部部长顾问的职务，并被投入监狱。每一个持不同政见的思想家都有类似遭遇。

---

① 阿卜杜·拉赫曼·谢尔高维（1920—1987），埃及小说家、剧作家。
② 路易斯·阿瓦德（1914—1990），埃及诗人、小说家、评论家。

《我们街区的孩子们》引发的危机

《我们街区的孩子们》是1952年"七月革命"后我创作的第一部小说。此前有五年时间，即从1952年至1957年，我中断过写作，这是我一生中最为艰难的阶段。其实我也不知中断写作的原因，有些朋友说这是"三部曲"以后心力交瘁所致，因为我从1948年起连续创作四年才完成"三部曲"。或许主要原因是"七月革命"消除了我心中的写作欲望。我原先认为：写作的主要目的是批评埃及社会，促使它变化与发展。革命爆发后，国家朝着实现我呼吁的那些目标前进，我被一个问题纠缠着：这时候写作还有什么用？有趣的是，当时我家里还有七个长篇计划，其中一部小说名为《绿色阿特巴》，我把大意说给谢尔高维听，他认为很好，说他也想写类似题材的小说。搁笔时间一长，我特别失落，心里慢慢觉得我作为小说家已经完了，我再也拿不出新作品献给世人了。所以，我去演员协会，申请成为专业编剧，而此前，我编写剧本仅是作为业余爱好。这时我觉得：编写剧本将成为我唯一的工作，我可从中得到慰藉，填补文学留下的空白。那时候我正要结婚，并于1954年正式结了婚，成家以后，我必须有额外的收入以济家用。同写小说相比，编剧本的收入明显增多，实际上，编剧本的那个阶段我经济上最为宽裕。

1957年，我心中感到一种莫名的冲动，发现自己又被小说吸引了。当我拿起笔时，又有异常兴奋的感觉。我铺开稿纸坐下写作时，难以相信这是真的。那时，占据我整个思想的，是对宗教、苏菲主义和哲学的思考。于是，写《我们街区的孩子们》的念头出现了，它唤醒了我心中以为已经死去的那个文学家。评论家们将这部小说和我以前的作品比较，发现小说的风格和特点都发生了变化。这部小说一反往常，没有探讨具体的社会问题，而表达了一种总体上的人类宇宙观。尽管如此，小说仍具有明显的社会背景，然而它引发的种种问题和诸多诠释，使许多人忽略了它的社会背景。

1958年，《我们街区的孩子们》经过一年的创作终于完成，并于次年在《金字塔报》连载。前几章登出后，没有引起任何反应，因为那些章节确实不会有什么问题。但后来，《共和国报》文学副刊发表了一篇文章，说《金字塔报》正在连载的小说有影射历代先知的嫌疑，危机由此引发。那篇文章之后，有些人，遗憾的是也包括部分作家，开始给检察机关、爱资哈尔的长老乃至总统府写信投诉，要求停止连载小说，并把我送上法庭。他们煽动爱资哈尔与我作对，说小说含有明显的渎神内容，小说中人物象征了历代先知。我是通过一位朋友、担任爱资哈尔长老秘书的穆斯塔法教授得知这些情况的，他的兄长是副检察官，他告诉我检察院的大部分投诉都来自作家。

爱资哈尔的人士在危机中果然受骗了，因为他们没有细读并理解小说，有些人此前根本就没有读过任何小说，所以对《我们街区的孩子们》做了宗教解释。他们认为小说中的艾德海姆象征亚当，杰巴勒就是摩西，里法阿就是耶稣，而卡西姆就是穆罕默德，等等[①]。海卡尔为小说做了辩护，若不是他，小说马上就会停载。

小说在《金字塔报》连载完毕后，纳赛尔总统的私人代表哈桑博士会见了我。此人非常谦和，他说他无法允许在埃及出版这部小说，否则

[①] 《我们街区的孩子们》描写了几代人为实现梦想而斗争的故事。老祖父杰巴拉维开拓建立了街区，两个儿子伊德里斯和艾德海姆历尽磨难，才获得继承权；第二代子孙杰巴勒与恶势力斗争，恢复了街区的秩序；第三代后人里法阿追求没有仇恨贪欲的纯洁生活，并为此献身；第四代后人卡西姆受老祖父的默示，以武力消灭了暴虐的头人；第五代后人阿拉法特为揭开老祖父之谜潜入老宅，造成老祖父亡故，他发明的炸药也被坏人利用。

会惹起爱资哈尔的大麻烦,但可以在埃及以外出版此书。他还建议,拟安排我和爱资哈尔几位长老见面,一起讨论这部小说,我欣然答应。我们商定某一天我去他的办公室,他将邀请几位长老和我讨论。到了约定的日子,我如约前往哈桑博士的办公室,却没见到一位长老。哈桑又告诉我:等他们人凑齐后再通知我前去。所以,我现在已经等了三十五年了。记得在最高文化委员会举行的一次会议上,一位爱资哈尔长老坐在我旁边,我们谈得极为融洽,但他对《我们街区的孩子们》持保留意见。

此后很长一段时间里,有关这部小说的危机烟消云散了,直到我获得诺贝尔奖的第二天才重新爆发。主要因为他们听说我是由于《我们街区的孩子们》而获奖,其实评委会的决议在最后才提到这部小说。我认为,造成危机的原因是对小说做过分的宗教理解,其实应有多种理解方式。我的《尼罗河上的絮语》表达了知识分子的孤独及他们同执政者别扭的关系,但也有人把它理解为反映人在宇宙中孤独状态的哲理小说。尽管这部小说描写了本民族的问题,但它体现了对人性的关注,所以当译成法文、德文等多种外文后,在国外得到广泛好评。在此我要补充一下:我获诺贝尔奖以后,开罗美国大学负责和世界各国出版社联系,组织在国外翻译出版我的作品。我的每一部作品被译成外文后,开罗美国大学都送我一册。

我还可举一个例子,说明对一部小说可有多种理解。有一位在一家世界性刊物(我记得是《新闻周刊》)工作的青年作家、评论家,给我写来一封长信,说他有一段时间经历了创作危机,在此期间偶然阅读了《我们街区的孩子们》的英文译本,从中发现伟大的人道精神,激活了他内心的死水。他专门为小说写了一篇出色的评论,附在信中。他说,由于小说激发了他心中的激情,他写出了两部作品,正在付印,待出版后马上寄给我。

我获诺贝尔奖以后,安瓦尔·君迪教授在杂志上发表了一篇文章,对我进行了激烈抨击,说我的作品都是放荡与渎神的。之前他曾说塔哈·侯赛因也是渎神者,还说小说艺术是有悖伊斯兰教的殖民主义艺术。实际上,《古兰经》就包含了最优美的故事,其中的传说是最迷人、最具现代性的文学。《古兰经》的故事叙述方式,在形象的应用、文体与语言方面都颇具现代小说艺术的风格。

在此之后,欧麦尔·阿卜杜·拉赫曼长老[①]对我做了宗教判决。他在刊登于科威特《消息报》上的访谈中扬言:"如果小说《我们街区的孩子们》登出时我们杀了纳吉布·马哈福兹,就不会有今天的萨尔曼·拉什迪[②]了。"一位记者把刊登这次谈话的《消息报》给我看过。此后,国家安全局的一位警官同我联系,说要来我家见我。在那种情况下,我当然知道他来访的原因。他来我家交谈了一会儿,提出给我派一个贴身警卫,以防我遭遇不测。他还说,阿卜杜·拉赫曼长老在接受采访时的说法,并非表示他直接对我下了处死令;但他手下人读后或许认为这判决必须执行,从而采取暗杀行动。我婉拒了他的建议,当时考虑到好多原因,主要是如果身边有了警卫,我的行动将因此受限,我的生活将变成无法忍受的折磨。如果我去参加朋友们的聚会,警卫也会坐我身边,我想去任何地方,他都会形影不离。我想起赛尔瓦·阿巴查配备警卫的故事,他在亚历山大每次和我们聊天,警卫都坐在我们中间,于是大家都保持沉默。后来,阿巴查感到难堪,便不再参加我们的聚会了。我对警官抱歉说:"如果警卫跟在我的后面,到头来他会杀了我的。因为我喜欢散步,每天他都被迫陪我走路,用不了多久他就会厌烦,把我杀掉了事!"警官听了大笑,同意不派警卫。

---

① 欧麦尔·阿卜杜·拉赫曼,原爱资哈尔长老,因从事反政府活动流亡美国,后涉嫌操纵俄克拉荷马爆炸案被捕入狱。
② 萨尔曼·拉什迪(1947—),印度裔英国作家,伊朗前宗教领袖霍梅尼因其小说《撒旦诗篇》而对他下达过处死令。

我内心坚信：警卫防范不了意外的发生。诺格拉西[1]被杀时，身边有两排军人守卫；萨达特总统在庄严的阅兵式上被杀，周围全是军人。警卫不可能改变命运的安排，倒可能搅乱我在人世最后的时光，所以我拒绝了警方的建议。

几天以后，我回家时发现楼门口有一个警察把守。我问妻子是怎么回事，她说那个人来敲过家门，问我是否住在这里，然后就出去在楼门口站着。我马上给上次来访的那个警官打了电话，他说这不过是在远处保障我安全的一些措施，不会给我造成麻烦；他在执行前未曾通知我，因为我无权拒绝这种保安措施。[2]《我们街区的孩子们》是我所有小说中争议最大的一部，我写作这部小说的良好初衷被人忽略了。我首先要承认，我为小说中人物取的名字，是与先知的名字平行的，我想把社会作为宇宙世界的反映，以宇宙世界的故事作为本地的外衣。正因为有着这种好意，我甚至想写一个前言，说明我的观点。我以为读者能够正确理解这部作品，可没想到我的好意成了极端主义势力攻击小说和作者的把柄。我原先以为，人们会从这种全面的角度去理解，去判断小说中人物是善良的还是邪恶的，是主要角色还是次要角色。如果那些主要角色是善良的，那么客观的评论会认为作者并非反对先知，也无意于此。可惜，许多人对小说做了各种奇怪的解释，他们把先知和小说人物对号入座，有人甚至说我让一位先知"抽大烟，光着脚板走路"。他们挑起了无益乃至荒诞的争论，我在写作时绝没有料到会闹到这个地步。

《我们街区的孩子们》的基本宗旨，是描写对正义的伟大梦想及永

---

[1] 诺格拉西，埃及法鲁克国王统治时任首相，1948年遇刺身亡。
[2] 1994年10月14日，马哈福兹在开罗街头受到宗教极端分子袭击，颈部被刀刺伤，经过数月治疗后基本康复，但仍留下肌肉发抖等后遗症。遇刺以后，他的所有行动都受到警方保护。据恐怖分子交代，他是听信了宗教人士关于马哈福兹是渎神者的指控而行刺的。

久探求。小说想对一个核心问题做出答复：实现正义的武器，到底是武力？还是爱？或者是科学？促使我创作这部小说的，是革命胜利后，具体而言是1958年前后传出的各种消息，这些消息表明：革命后出现了有着很大权势的新的阶级，以至于封建王朝时期的社会现象又再现了。这让我非常失望，有关正义的思想在我头脑中不断出现，这便是产生小说的首要原因。

与英国老师的争论

读高中时，我的老师中有几位英国人和法国人。我们和法国老师的关系比较好，虽谈不上深交，但相互间是朋友。和英国老师的关系则很糟，相互间没有任何友谊，也缺少合作，我们把他们视为外来的殖民者。他们中的大部分——如果不是所有人的话——并不适合做教师，那些人是冲着薪金和报酬来到埃及的，而不是因为热爱学术。英国老师生活在一个几乎封闭的圈子里，和我们之间没有社交往来。除有关学习的话题之外，他们不愿和我们谈论别的。有一个学期期末，大部分同学都在家复习备考，教室里学生很少，英语老师因故没来上课，一位名叫布莱恩的英国老师来代课。因为那是额外补课，所以布莱恩先生坐在椅子上无所事事。我当时就坐在他的对面。突然，他用英语说：我对印度和你们埃及这样的国家想从大英帝国独立出去感到奇怪。他还说：独立不是儿戏，你们这些民族不适合统治自己，有大英帝国这样的国家来统治你们，是对你们的恩赐，应该得到感谢。

我觉得布莱恩先生的言谈和想法对我们乃是一种侮辱，而他也确实有意如此。于是我和他激烈地争论起来，我想让他承认他对埃及和印度等第三世界国家的看法是错误的，我说这些国家有着悠久的文明，应该获得独立，也有能力管理好自己，但是殖民主义不给它们这种机会，而且希望维持现状，掠夺它们的财富和资源，并永远奴役它们。

事实上，种族殖民主义的观点，在当时与我们打交道的英国人乃至所有欧洲人中间都很盛行。欧洲各国政府欺骗其人民，让他们将子女送到遥远的异国面对未知的命运，并对当地人民施以暴行。欧洲信奉基督教的人民良心未泯，他们想知道为什么要对第三世界人民实行殖民。于是，欧洲的政府便试图歪曲第三世界人民的形象，把他们描绘成食人肉的野人，并说白人基督徒负有使命，应当不惜一切牺牲在这些国家传播文明。为加深这种印象，西方还企图丑化伊斯兰教，说伊斯兰教是信奉它的各民族落后的原因。英国人在埃及实施的工程和一些改革举措，并非出于人道，也并非像他们欺骗本国人民时所说的"履行白人使命"，他们首先考虑的是为自身利益服务。

设立公安机构、维持秩序的目的是保护英国的职员和臣民，建立卫生部门是害怕他们自己染上传染病和其他病症，修建铁路是为了便于将棉花运到港口，然后再运到英国。因而，当时的一切工程都首先是为英国人的利益服务。即使是设立各类学校，也并非旨在振兴科学，而是为了培养为英国统治服务的本地职员。

正如我曾说过，埃及的思想家在看待欧洲人时，是把丑陋的欧洲殖民主义和灿烂的欧洲文化区分开的。以阿卡德①为首的亲撒克逊（英国）派，和以塔哈·侯赛因②为首的亲拉丁（法国）派，曾进行过著名的论战，双方都有各自的理由。我并不偏向其中任何一方。我步入文坛后，对世界各国文学都一视同仁地加以博览，因为我把文学当作人类大家庭的文学，而不是英国人的文学或法国人的文学。所以，我在阅读外国文学时甚至会混淆作家的国籍，因为我注意的是文学的意义及其人

---

① 马哈茂德·阿卡德（1889—1964），埃及著名作家、诗人、哲学家。
② 塔哈·侯赛因（1889—1973），埃及著名作家、学者、思想家，自幼失明，曾任教育部部长。

道主义内涵，而不是作家的国籍。我的爱国心、我对华夫脱党的认同，并没有妨碍我学习英语，我不认为这有何不当，也不认为这与爱国主义相矛盾。

领　袖

（一）纳赛尔

纳赛尔总统去世时的情景我至今记忆犹新，仿佛一切在昨天刚刚发生。那一天，我和家人从亚历山大回家，晚饭后坐下看电视。上床前我发现第一频道异乎寻常地播放起《古兰经》，我换到二频道，也在播《古兰经》。我心里起了疑虑，脑子里有各种猜想。我对妻子说：这个时候电视里反复播放《古兰经》，说明一定有什么变故。妻子问可能是什么变故，我说或许是巴勒斯坦人杀了约旦国王侯赛因。因为在"黑色九月"惨案①之后，侯赛因国王和巴勒斯坦人的关系接近爆炸了。电视里《古兰经》还在不断播放，我往《金字塔报》打了电话，希望能了解些情况。但似乎我要找的人都不在，我一无所获，只好又坐在电视前，或许有人会出来解释为何中断正常节目播放《古兰经》。

那段日子里我们家里有个男仆，当天他外出购买一些东西，刚进家门他就说"总统去世了"，并说街上人们都在议论。我大吃一惊，难以置信，便让仆人住嘴，不要对任何人说起此事。

仆人的话真让我吓了一跳。我既害怕他说的是真事，又怕他在胡说，给我们家造成不必要的麻烦。我就这样六神无主地坐在电视机前，直到播完《古兰经》，播音员宣布萨达特副总统将对全国人民发表声明。

---

① 1970年，以约旦作为反以斗争基地的巴解组织与约旦政府间产生严重矛盾；是年9月18日，约旦军队在安曼向巴解组织发动全面攻击，酿成"黑色九月"惨案。

当萨达特在屏幕上出现时，我对妻子说："纳赛尔去世了！"

萨达特宣读声明时，面露哀容，眼神呆滞。在那个瞬间，我产生了一种与当时情景无关的非常奇怪的感觉，我突然下意识地想：这下所有人都要死了。纳赛尔留给我们的是一种永生不朽的神话般印象，我从没有想过他会像常人一样死去。

现在他既然与世长辞，那我们也都必死无疑了。这时我听妻子说："这下该让我们喘口气了！"这话虽不是幸灾乐祸，但还是让我伤心。纳赛尔虽然有过许多过错，我们心头也积蓄了对他的许多不满，但他的死还是令人极为悲伤的，毕竟他曾带给我们从未感受过的希望和梦想。我满脑子想的是这个问题：在埃及，谁能够接纳赛尔的班呢？

第二天早晨，海卡尔亲自给我打来电话，要我写一篇悼念文章。虽然以前我在《金字塔报》发表的都是文学作品，但我还是写了他要的文章。其实那不算纯粹的哀悼，细心的读者会发现里面流露出对纳赛尔的微词①。人们都为失去纳赛尔悲伤，陶菲格·哈基姆建议捐资为他建

---

① 纳赛尔去世后的第四天，《金字塔报》登出了马哈福兹的悼念文章，题为"天上的话语"。此文以生者与死者对话的形式出现，全文如下：
——最伟大的苦行者，安拉赐您永生。
——愿安拉赐你们永生，并指引你们。
——我垂头向您表示爱与崇敬。
——好意领受了，但别忘了我说过的话："抬起你的头，兄弟！"
——我们悲伤得迷茫失措。
——面临四周危险并有许多大事有待完成的人们，是不该迷茫的。
——您要前往不朽的乐园，这让我们稍感宽慰。
——如果你们把世界变为乐园，我会更加快意。
——那几十座雕像都不足以表达我们对您英名的缅怀。
——别忘了我亲手树起的两座雕像："宪章"和"三卅声明"。
——您身后的空白无人可以填补。
——我解放的人民将去填补。
——您的后人将受到人们衷心的敬爱。
——我的子女是农民、工人和劳苦大众。
——全球都在为您送行，我为此而感欣慰。
——我的欣慰，在于阿拉伯祖国的独立，和她牺牲的土地得到公正的解决。

立塑像，募集到大量资金，我也率先为之捐款。

纳赛尔犯过很多错误，而令我气愤的最大错误，是他错失了让埃及迈出巨大文明步伐的难得的历史性机遇，第二次世界大战后日本就曾迈出过这样的步伐。当时各种条件都已具备，我们对他寄予了许多期望，可是他不停地忙于争斗，错失了良机。

在人类历史上，每一个悲剧性的英雄都有一个置他于死地的弱点。纳赛尔的弱点就是他不相信民主和对话，独断专权，容不得异见。倘若他创立起任何一种民主制度，哪怕是立法协商委员会这样"半民主"的制度，能听取多数成员的意见，埃及历史就会向好的方向发展，我们就不会卷入同各种殖民势力的冲突，我们和以色列的问题就会解决，我们也不会打1956年和1967年的两次战争，因而也不会有1973年的十月战争，我们就会稳妥地、理智地实施"阿拉伯民族复兴"的计划，并取得积极的成果。

其实，"七月革命"的原则和目标都是人道的，伟大的，也是全体埃及人一直梦寐以求的，但可惜革命领导人水平不高，未能贯彻革命的原则。这就好比一位刚毕业的大夫，要为重病缠身的病人做一次外科大手术，大夫的失误难免会导致病人的死亡。有人或许会说，由于埃及所处的地理位置，她必定要成为世界列强觊觎的对象。但这个问题并非无法解决，只要采取均衡的方针，就能够实现我们的利益，并在我们的利益和他人利益之间获得一种平衡，而这正是穆巴拉克总统采纳的政策。很显然，穆巴拉克总统恢复了埃及和阿拉伯国家之间的正常关系，同各大国保持了均衡的关系，因而在国际社会受到广泛尊重，埃及成了全世界的朋友。以前我们和不少国家有过冲突和对立，现在相互间已

——我最喜欢的道路，将是前往为您祈祷的清真寺的道路。
——我的道路是正义，是通往科学和社会主义之路。
——别了，比金子更可贵的人。
——我们都将逝去，而埃及将会永存。

经没有什么问题了。

通过阅读历史,尤其是大革命的历史,我发现了一个具有普遍性的规律——我在小说《尼罗河上的絮语》中曾经指出过——那就是:革命是由聪明人策划的,勇敢者执行的,最后获胜的却是怯懦者。我还发现发起革命的一帮人在取得政权后,相互间便开始争斗,最后由一个人清除别人而独揽大权。法国大革命时,马拉、丹东和罗伯斯庇尔[①]几人中发生过这种事情;俄国革命时,斯大林、托洛茨基和季诺维也夫之间也有过类似情况;埃及革命领导成员中发生的也是这回事。奇怪的是,独揽大权者最终往往以悲剧结束其命运:罗伯斯庇尔被人杀死,斯大林则是在死后任人宰割,纳赛尔去世后的遭遇也十分凄惨。

革命要经历几个阶段:先是不合法的阶段,此时策划者的主要目标是夺取政权;然后是领袖独裁专制阶段,这个阶段或许会持续多年;然后在情况稳定后进入合法与民主阶段。在这合法阶段之前的长时间里,那些一开始无甚作为的投机者或是聪明的怯懦者,会从革命中捞取好处。

1967年埃及战败后,我在一次座谈会上说过:摆脱危机的唯一途径便是实行民主、对话、多党制和言论自由,接受经过公正自由选举而获胜的执政党的领导,即使这个党主张和以色列和谈。我还说那场战争不是埃以之间的战争,而是一场埃及无能为力的国际大戏。如果我们无视现实,我们的钱财和资源将会白白消耗,结果必然是落后于世界文明的队伍。

这个意见我在纳赛尔时期表达过,在萨达特时期,我又当着卡扎菲的面说过。那次他来《金字塔报》大楼,同思想家、作家见面。他和我

---

① 马拉(1743—1793)、丹东(1759—1794)、罗伯斯庇尔(1758—1794),均为法国大革命时期政治家,马拉被保守派支持者刺死,丹东和罗伯斯庇尔先后被反对派处死。

们每人握了手,并共进晚餐,之后开了个座谈会。他问我们:"在以色列占领了约旦河西岸、耶路撒冷、戈兰高地和西奈之后,阿拉伯民族现在处境如何?你们对解决危机有何设想?"我举手发言,向在座者提了一个问题:"我们目前有能力和以色列打仗吗?"有一人回答说:在目前情况下,我们无法进行战争,我们的任何举动,都会被以色列利用,作为打击我们战略设施的借口。我接着他的回答说:

"既然我们打不起,那就要走另一条路:和谈之路。而目前这种不和不战的状态,不但历史上从未有过,而且对我们极为有害。"

卡扎菲评论说:"我不怪罪你的意见。因为有了阿拉伯领导人的懈怠,才会产生这种失败主义观点。"

这时海卡尔插话,改变了话题。他让纳赛尔的女婿麦尔旺先生发言。麦尔旺说战争还在继续,他对和谈表示反对。他还透露埃及正要购买一批武器,这将提高埃及的作战能力。

第二天的报纸没有登载这次座谈会的内容,但我在雷什咖啡馆一直重申我的观点,不过影响范围有限。后来我的一次访谈录在科威特《火炬报》登出,访谈主要围绕文学问题,当谈起政治时,采访人说我可以不回答不便回答的问题,因为如果发表了不同政见,可能会引起风波。但我说我会坦陈己见,于是说了我的看法。

谈话在《火炬报》全文刊出,这是大众第一次知道我主张同以色列和谈。谈话引起了轩然大波,《火炬报》开设了专栏,刊登人们的各种议论。一连六个月,我受到各种言辞激烈的批评、谩骂,有人甚至说:"你干脆上街卖菜去吧!"还有许多人在埃及报纸上对我发起了猛烈抨击,但我仍然坚持自己的观点。我同别人进行了无数次讨论,其中一次是和阿拉法特的弟弟法特西先生讨论。他告诉我,巴勒斯坦人对我很气愤,有些极端分子还威胁要杀死我。但他突然又说,他本人同意我的观点,认为这是理性的,正确的。但是问题在于:1967年战争以后,犹太人愿意对话，并表示如果我们承认以色列，他们准备做些让步；但随着时间推移，他们在占领的土地上建起了定居点并居住下来，他们的态度也随之起了变化，拒绝在让步的基础上和谈。

后来，许多巴勒斯坦人对我的观点表示理解。我获得诺贝尔奖以后，拜访我最多的阿拉伯代表团就来自巴勒斯坦。我还和巴解组织政治部主任卡杜米做过长谈，他理解我提出的和以色列和谈的主张，而这时距巴以宣布举行奥斯陆和谈还有好几年。

我的观点登出之后，让我最感难过和气愤的，是有人认为我在为以色列谋求和平。如果这些人的思维有一丁点儿逻辑性和客观性的话，他们就会理解：我是为那些饱受战争之苦的平民大众谋求和平。如果我们拿出购买军火的一半财力用以发展，我们即使不能消灭以色列，也足以遏制它了。收复权利未必要靠战争，有时候通过发展能更好、更有效地收复权利。德国和日本是两个例子。这两个国家在二战中遭到惨败，然而靠发展而不是武力及破坏，得到了他们战败后失去的一切，获得了通过战争不可能获得的利益。

我们应该从中得到借鉴。我们所处的时代是建立在文明基础上的，如果我们达不到现代文明的水平，古老的文明就会仅仅成为记忆，如同恐龙一样。当我呼吁和以色列进行和谈时，我考虑的，是我们和他们之间在文明程度和科技进步方面存在的巨大差距。大凡冲突，并不完全取决于军事力量和军队人数。萨达姆·侯赛因拥有百万大军，还有足以摧毁几个国家的可怕的武器，可是他的命运众人皆知。在1967年战败后我们本应该意识到：经济落后会影响军事和文化的发展。所以，当我获悉纳赛尔本人也有过和以色列和谈的准备时，我一点也不惊讶。萨达特签署"戴维营协议"时，有人说我跟着萨达特跑，说我出于奉承统治者的一贯做法而支持和平条约。但公正而言，其实是萨达特支持我的想法，因为我对和谈的立场在萨达特执政前就是公开的，萨达特当初并未考虑接受和谈的原则。众所周知，萨达特曾猛烈攻击过陶菲格·哈基姆，因为他和一帮文化人士联名发表了那份著名的声明，反对1973年"十月战争"前那种不战不和的局势，我也在声明上签了名。萨达特对于哈基姆发出的以和谈解决问题的呼吁感到吃惊。以色列当时的总理梅厄认为萨达特是以色列最大的敌人，有一次还说："他是我平生见过的最出色的演员，应该得奥斯卡奖。"当我宣布支持和谈时，我知道自己将会受到激烈的攻击，但我还是忍受了一切，因为我首先考虑的是埃及和阿拉伯人的利益。我知道和平是我们的利益所在，消耗战不过是一句空话，因为长期的军事对峙是徒劳无益的，可能会延续几代，耗尽我们的能量和资源，使得我们起码落后别人一个世纪。那么为什么不试试和平呢？犹太人或许能证明他们是我们的好邻居；如果结果不是这样，战争不可避免，那我们可以在充分准备后选择战争。

（二）萨达特

萨达特在纳赛尔去世后执政，我对他的印象一直不好，直到1971年"5月15日事件"①发生后，这种印象才有所改变。从那次事件中，我发现他非常精明，而并非我想象的那么浅薄。他有点像老式电影里看上去软弱无能的角色，却能以异常的举动令人们吃惊。实际上，我对他的许多做法是支持的，如拆除军事监狱、销毁治安档案、清除"权力中心"等。虽然我同"权力中心"的部分成员有私交，但我相信萨达特的说法，认为他们是埃及所面临危机的直接原因，是人们多年来生活于恐怖与畏惧中的根源。虽然我没有受到"权力中心"的直接伤害，但我

---

① 萨达特继任纳赛尔当选总统后，同以副总统萨布里为首的"权力中心"发生了激烈的权力之争。1971年5月15日，萨达特逮捕了萨布里及其主要支持者，巩固了自己的政权。

拥护为自由与民主而采取的每一步骤。我不赞成"五·一五"革命是反纳赛尔主义、反七月革命原则的说法，而认为它是对1952年"七月革命"消极面的纠正。况且，萨达特并未抹杀"七月革命"的成就，没有取消免费教育、公有制和农业改革，他的革命针对的目标是政权中的独裁作风。因此，我原谅了他在处理那场事件时诡秘的做法，因为双方都在虎视眈眈，萨达特这方先下手为强，把对手送上了徒有虚名的法庭，其做法和王朝更迭时革命者对以前的政客所做的并无二致。

根据我对萨达特行为和政策的分析，我认为他非常古怪，常做出令人吃惊和莫名其妙的事情。有时候他会为某种做法或观点愤怒，并加以惩罚，可不久他自己又去采取同样的做法。此类事发生过多次。他上台后，曾想发挥社会主义联盟的作用。我被邀请去讨论如何更好地发挥其作用，轮到我发言时，我说：唯一的办法，就是国家允许各个组织都在社会主义联盟内建立独立的论坛。在第二次会议上，萨达特总统也来参加讨论，让我吃惊的是他竟然公开说：上一次会议中有人暗示要建立多种党派和政治团体，我固然喜欢自由和不同意见，但这并不妨碍我必要时"用刀剁"！我对萨达特的讲话大为不满，心想：既然总统要"用刀剁"反对派，为什么还要让我们自由发表意见呢？我决定以后不再参加任何这类会议。而萨达特虽然公开反对建立政治论坛、团体和党派的想法，但后来又实现了这种想法，并且成了这种想法的热心拥护者。

萨达特性情古怪，还表现在他对陶菲格·哈基姆等知识分子联名上书一事的态度上。这个声明具体细节如下：有一天，我去《金字塔报》社，像往常一样来到哈基姆的办公室同他握手，在那儿坐一会儿。可我刚坐下，他就递给我一份声明要我阅读，声明是他手写的。我读完后他问我："你愿意在上面签名吗？"我马上回答："愿意。"后来赛尔瓦·阿巴查走了进来，也在上面签了名。签名者越来越多，有的人甚至一见哈基姆、阿巴查和我的名字就签了名,还有人通过电话委托签名。当时,哈基姆没有想公开发表这一声明,而只想交给萨达特表明一种态度。可是声明被一家黎巴嫩杂志刊登出来,萨达特得知后,表现出我们想象不到的愤怒,他指控我们是共产党人。政府中负责文化事务的哈提姆博士把我、哈基姆和阿巴查叫去,狠狠地训斥了我们,并说和我们一起签名的,还有从外国使馆领取报酬的内奸,政府已掌握了他们领钱的收据。我们也说明了自己的观点,说我们并未想发表声明给政府制造麻烦,这次发表纯属偶然,并非我们的过错。哈提姆表示国家正在做打仗的准备,目前这种不战不和的局面不会持续太久。这次谈话后,我觉得危机很快就要过去。但萨达特突然对我们施加了惩罚,下令禁止我们写作。尽管有了这个命令,我和哈基姆仍然每天去报社上班。

此后,萨达特在每次讲话、每次会议中都要提及这次声明事件,他在所有报告中,都要对签名者攻击一番,并特别谴责哈基姆。有一次他还点了我的名,说:"连那个名叫纳吉布·马哈福兹的大烟鬼也和他们一起签了名!"我听说后心想:谁都可以提大烟这回事,偏偏你萨达特总统没有资格提它!

我们在声明上签名时,深信萨达特是不会开战的,以为问题将持续多年得不到解决。还记得哈基姆有一次递给我一份外国杂志,让我看一张萨达特的照片:他坐在自家花园里,面前摆着一个大蛋糕,夫人在给他倒茶。我正端详着照片,哈基姆说道:这像个将要开战的将领吗?我们的孩子们既不在打仗,又回不了家,他们在沙漠中到底要待多久?他还说有些年轻人并不是正规军,可服了七年预备役还未退伍。

那时候,哈基姆经常在办公室接待反对不战不和状态的大学生们,常常和他们一连讨论几个小时。学生们举行了情绪激昂的示威游行,我在小说《还剩一个钟头》中叙述过,小说后来还被改编成电视剧,但播出时被删掉了七十个镜头。谁也没有料到,为一份要求非战即谈的声明大发雷霆、并禁止签名者写作的萨达特，其本人正在策划一场让我们大吃一惊的战争！因此我要说萨达特是个令人捉摸不透的怪人。值得注意的是，萨达特在革命前的政治生涯中，曾是暗杀手段的支持者。所有搞这种活动的人，其结局往往是被人暗杀。萨达特自己的悲剧性结局，就是一个例证。

1973年10月6日中午，我正在家里读着一本书的头几页，电话铃响起，对方是赛尔瓦·阿巴查。他连问好的套话都没说一声，就在电话里大叫："我们渡过去了！"我让他说明白些，他才说埃及军队已经渡过了苏伊士运河。我以嘲讽的语气表示怀疑，可他发誓说："战争已经爆发，发起进攻的是埃及军队，并且已经渡过了苏伊士运河。如果你不信，就打开收音机听任何一家外国电台，自己判断去吧！"于是，我平生第一次收听起外国电台的播音，所有电台都证实了阿巴查的消息。我感到一种奇特的陶醉。与其说我关注战争在军事上的结果，不如说我更关注它在心理上带来的影响。战争能让我们摆脱极为悲观、失望的状态，而去感受自信、自尊和荣耀。所以，我认为"十月战争"是一场将阿拉伯灵魂从失败中拯救出来的战争。在战争的整个过程中，我有一种奇怪的感觉，觉得埃以两军的每一次交火与战斗，我们总会是获胜者。局势有了彻底的逆转，在以往同以色列的历次较量和战争中，我们总像是软弱的拳击手，而对手是拳王阿里，每个回合下来都被拳王打翻在地，观众们都不指望弱者能有招架的力量。突然，软弱的拳击手一下成了强悍的英雄，当观众尚未反应过来，他已将阿里击倒在地。

萨达特有一点值得称道：他在考虑收回埃及权利的最紧要关头，也未曾忘却巴勒斯坦问题。从1948年至今，其他阿拉伯国家给予巴勒斯坦的，不过是令人失望的空头支票和夸夸其谈，而埃及却从未放弃过对巴勒斯坦的责任。海湾战争之前，穆巴拉克总统付出巨大努力，说服美国和以色列同巴解组织领导人坐下来谈判。在达成协议之后，巴勒斯坦的一个组织突然对以色列平民目标搞了自杀性袭击，美国因此拒绝和巴解组织来往。巴勒斯坦人自己分歧太大，不能达成一致。萨达特时期，我们对他们说：来，把你们国旗和埃及、以色列的国旗挂在一起，我们通过谈判来收复巴勒斯坦人民的合法权利，但他们表示拒绝。我们对叙利亚人也说过同样的话，每次也都遭到拒绝。过了多年，他们也开始走萨达特走过的道路，因为他们意识到这是夺回他们权利的唯一道路。

萨达特的功劳在于他朝民主迈出了步伐，让人们不再提心吊胆地生活；在于他实现了对以色列的令人瞠目的胜利，实现了和平，从而为埃及带来自古以来第一次完全的独立。然而此后发生的一切，抵消了所有这些伟大的成就。他实行的开放政策造成了严重的恶果，在文化方面的影响令人痛心。我这里指的文化，是人们追求的通过各种方式获取知识、愉悦心灵的自由文化。这种文化在纳赛尔时期就已开始走下坡路，因为他实行集权和独尊一个声音的政策。

由于艺术和思想作品不同，并不以直接、公开的方式表达意见，可以曲折求生，因而得以免遭摧残。而思想却只能在执政者划定的范围施展，越过一步就意味着被捕入狱，所以文化生活的双翼只剩下了单翼。在开放之后危机更加严重，本来，开放应有助于促进生产及发展文化，但事实并非如此。

埃及的开放造成了一种错误的生活方式。人们考虑的，是以任何方式、在最短的时间里聚敛钱财，而毫不顾忌任何价值观和道德准则。一个新的、仇视自由文化的百万富翁阶层出现了，埃及最大的两家书店已变成了鞋店。年轻人的挫折感、经济危机、失业、人才向国外流失等因素，加剧了自由文化的衰落；电视的出现也吸引走了大批自由文化的基本群众。虽然在穆巴拉克总统任职期间我们享有民主，然而自由文化的危机依然存在，原因在于文化消费者减少了。在埃及六千万人口中，有两千五百万具有阅读能力，就算其中只有五百万可以接受自由文化，那么每个思想家和作家也就有机会通过销售作品获得可观收入。然而由于上述情况，人们远离了文化，我们已经处于"高雅文化消亡了"的境遇。

在开放时代，艺术也堕落了。因为艺术的新消费群体，是经济上富足而文化上空虚的新的阶层，艺术被迫迎合他们的口味，而这些人是不会忍耐文学、戏剧、电影和音乐中的严肃艺术的。

在戏剧方面，大部分剧目都与夜总会上演的商业戏剧雷同；在电影方面，出现了大量仅供娱乐的低级庸俗的影片；在音乐方面，到处流行的是迎合骚动神经的载歌载舞的轻松歌曲。这些歌没有内涵，歌手们嗓音雷同，歌曲短促而节奏疾快，好像是外卖的三明治。轻松歌曲成了主角，而古典歌曲只不过是一种记忆。其主要原因是中产阶层的萎缩，而恰是这个阶层具有良好的鉴赏力，支持艺术与思想的发展。在开放时代，这个阶层受到了严重打击，正在解体、消失。原先的职员下班后可以阅读书刊，欣赏歌曲，或去电影院看场电影；现在他们连温饱都成问题，下班后被迫再干一份工作，以便养家糊口，因而谈不上读书、听音乐和看电影了。

我认为文化部为改善文化艺术现状所执行的计划不会有效果，因为问题的根源非常复杂。那些计划无论耗费多少资金，都不会产生真正的影响。改善文化艺术的状况，需要从多方面着手：改善社会状况，改革教育，实现个人收入的平衡，抑制宗教极端势力，实行社会改革，等等。文化艺术的危机不仅表现在生产方面，而且是表现在消费方面，有不少年轻作家在艰难的环境下仍坚持创作，我称他们为"苦行僧"。我认识一些很好的诗人，我们曾一起在"尼罗河宫"交谈，他们写的诗歌是自费印刷成集，阅读的圈子也只局限于朋友之间。

我还不满萨达特对宗教思潮采取的做法，以及他在执政后期的专制作风。他还做出了许多古怪的决定，我曾听到有关他的一些传闻，我还以为是别人开玩笑，后来却发现确有其事。一个朋友告诉我：萨达特下令在全国进行大拘捕之后，有位美国记者在记者招待会上问他，是否就拘捕行动征求过美国的意见。萨达特听后大怒，答道："要是我身上带着手枪，我马上就毙了你！"

萨达特在后期的做法令人无法解释，整个埃及都受到他的迫害。他执政后期的那段时期和1952年革命前的情况类似，政治生活动荡不安，政府三天两头更迭。然而尽管这一切，我还是没有料到他那不幸的结局，尤其是在纪念对以色列历史性胜利的那一天遭遇不幸。在我看来，萨达特的问题，可以归结为他在取得伟大胜利后与日俱增的自大感。这种感觉能让人头脑发昏，领袖人物或成就过大业的人物中，很少有人不为这种要命的自大感所害。

（三）穆巴拉克

我向安拉和历史做证：穆巴拉克总统确实是个好人，他廉洁、忠诚，注重解决国家问题，并能从前两任领导人身上总结经验教训。他对内注重生产和发展，对外谋求和平，和所有各方都建立起良好关系。这一政策，正是我们自1952年"七月革命"的第一天起就希望见到的。然而穆巴拉克总统也面临不利因素：他开始执掌领导权时，身处在腐败与债务的火山上，他执政时面临着以前任何一位埃及领导人都未曾面临的困难。虽然他取得了重大成就，但其成果至今仍不太明显，因为埃及就像沉入水中起码五十米的溺水者，穆巴拉克前来拯救，他每年把溺水者往上拉两米至三米，只有等溺水者浮出水面开始呼吸，人们才会感觉到效果。

穆巴拉克最大的长处就是理智，他从不挑起问题、制造危机，这在外交上表现得更为明显。他作风审慎，不感情用事，知道我们曾经为盲目冲动付出高昂的代价，因此能主动避免。他还能实事求是，量力行事，他知道自己并不拥有魔杖，能让土地一下子变为花园和油井。当然，这倒不是说他完全没犯过错误，我虽然对他有良好印象，但也要指出他的不少问题，其中许多是他从前任那里继承来的，如腐败、玩忽职守及纪律松弛。

也许有人认为穆巴拉克行动过分迟缓，但我相信他是民主的，愿意实行民主。他知道宪法的许多条款需要重新审议，有的还需做根本性的修改。基于我对他的了解，我相信他将取消所有限制自由的特殊法令，不光是紧急状态法，还有一些更不合理的法令，如整个新闻法，如禁止自由组建党派的法令，以及宪法中有关起码有半数以上议员来自工农的条款，等等。上述宪法条款根本没有道理，而且对民主是有害的。为什么要自欺欺人，让毫无知识的人进入议会呢？议员必须要有参政议政的能力，而不该由法律规定其比例。按目前的做法，议会不会成为真正的议会。至于工农的权益，则可以通过议会本身及各种强有力的行业工会来保障。

应该改革选举法，让更多的候选人参加总统选举，尽管我们相信人民仍然会选择穆巴拉克总统。应该赋予议会实际的而非形式上的权力，让议会有权审议国家预算，有权对政府表示信任或不信任。应该通过明确、坚决的法律条文，确保议会选举的公正。每回选举都有数以百万计的选民待在家里不愿投票，因为他们知道自己决定不了选票的去向，选票最终会算在政府喜欢的议员身上。还应该让大众媒体向所有人开放，让反对党领导人在电视上出现，表达他们的政见。给予人们选择的自由和参政的权利，解开他们身上的桎梏，别把群众当作未成年人看待。一方面说群众消极冷漠，另一方面又总想把你们的想法强加给群众，这怎么可以呢？

我相信穆巴拉克总统是所有埃及人的总统，不管他们代表什么倾向和党派，所以我呼吁穆巴拉克放弃执政党民族民主党主席的职务，这样才能公正地领导所有人民和所有政党。

我支持穆巴拉克的对外政策，他在海湾战争中的立场是光明正大的，因为这一立场符合联合国安理会、阿拉伯国家联盟及伊斯兰会议组织的各项决议，符合国际法准则，也符合埃及的国家利益。尽管如此，我对阿拉伯士兵相互间作战仍感到非常痛心，然而伊拉克领导人的做法迫使我们采取这一立场。

六七年战争：梦幻的破灭

1952年革命爆发时，我非常兴奋。但随着时间的推移，许多弊端开始显露，如国营部门的腐败，叙利亚脱离"阿联"，埃及卷入也门战争，随意拘捕民众，专制式的统治等。人们唯一寄以希望的，便是军队的力量和纳赛尔的魅力。1967年六月战争之前不久，我通过关注广播、报纸而感觉到：我们将和以色列发生军事冲突。我在那时仍然相信，埃及军队是中东最强大的武装力量，以色列是长在我们背上的一根刺，如果不拔掉它，整个地区就难有宁日。现在该是消灭以色列、实现革命最崇高目标的时候了。我从未对结局表示过怀疑，将以色列安插在阿拉伯民族的中心是极为不公的，必须把它除去。我当时担忧的，倒不是我们是否有能力实现目标，而是美国可能会卷入冲突，从而增加以色列的砝码。我一直在考虑：如果美国像1956年三国入侵①时英法两国那样警告我们，我们该怎么办？

1967年6月5日（星期一）早晨，我前往电影局上班，工作到大约

---

① 1956年纳赛尔当选为埃及总统后，宣布将苏伊士运河收归国有，同年英、法纠集以色列入侵埃及进行干预，发动了第三次中东战争。

九点，突然听到了警报声。看来战争爆发了。我的第一个念头就是打开收音机听新闻。播音员的声音自信而洪亮，他宣布我们击落了敌人以色列的多架飞机。我一点也没为这个消息感到高兴，而是觉得有点不快，因为击落以色列飞机就意味着是他们发起了攻击，我们是在防卫，我有点担心害怕。

我对战况的了解，就只有埃及电台这一个来源，我不想去听外电广播。这一天我还见到了赛尔瓦·阿巴查，看样子他从外电了解到更多战况，由于他知道我容易激动，所以没把他知道的情况告诉我，免得我受刺激。奇怪的是他多次问我对战争的最新进展了解些什么，我就把"阿拉伯之声"电台里的消息告诉了他，说我们又击落了几架敌机。他总是忧郁地看着我，说道："但愿如此吧！"从6月5日早晨战争爆发到6月9日这几天里，我一直生活在惊恐之中。6月9日早晨，我又打开收音机，却听到一首很沉重的爱国歌曲。我和两个女儿一起去金字塔附近的一座公园，我带着收音机，在那儿打开后，却听到一个晴天霹雳般的消息：我们的军队撤到了苏伊士运河的西岸。我急得发了疯一般，到处找人想打听个究竟。后来电台里说纳赛尔总统将在晚上对全国发表讲话。到了晚上，我来到雷什咖啡馆，在座的还有几位朋友，我们一起围着收音机，等待听纳赛尔的声明。纳赛尔讲话的时候，我们人人肃静。他的声明十分沉重，我听后觉得肝脏俱裂，默默地离开咖啡馆回到家中。

在我的一生中，在此之前及之后，都未曾体会到那一刻带给我的迷茫和绝望，我感到极度的沉痛、悲伤，觉得难以置信。原先我好像生活在一个美梦中，现在突然掉到了冰凉坚硬的地上。直到6月5日早晨，我还一直以为我们的军队是最强大的，我和成千上万人一起观看过5月那次盛大的阅兵式，见过我们的坦克像大象一样在开罗街头驶过。我还听过纳赛尔那次著名的记者招待会实况，他的外表看起来十分自信而有力,他说了那句名言:"我可不是艾登①先生那样的软蛋!"当初的一切都曾让人感觉到力量和信心,所以现在的震惊和失落也就更加严重。

文化部部长欧卡什博士叫我们去参加一个匆忙安排的会议,他坦率地说埃及空军遭到了惨败。开会期间,有关第四军的消息还让人感到一点儿希望,我们好比落水者抓到了几根稻草。可不久,这救命的稻草也不顶用了,我们又陷入了无助的境地。

入夜后,全开罗都在议论同一个话题,即我们的军队何以遭受这样的惨败。每一个人都对战败的原因发表意见,一时众说纷纭,有严肃的思考,也有人在开玩笑。

失败促使我对"七月革命"做了全面的反思,我想弄清楚革命到底为埃及带来了什么。我意识到,战败之前,我生活在一场虚幻之中,我们就像在沙地上用纸建一座大厦,一个浪头打来,把一切都淹没了。或者说我们生活在一个巨大的唬人的幻影中,大风袭来,这个幻影也就随风飘失。我开始自问:我们生活其间的幻觉是我们自造的呢,还是有人欺骗了我们?这个幻觉是不是精心构造的,只有那些构造幻觉的人才知道真相?

一个确凿的事实摆在我的面前:我们在革命的梦幻中生活了多年,猛醒后却发现一个悲惨的现实。我感到最为痛心的是,我们饱受军事统治之苦,是为了实现他们允诺我们的目的,为了建立一支能够维护我们在本地区尊严的强大的埃及军队,我们忍受了一切苦难,容忍了执政者对我们施行的一切,只希望我们的军队强大。然而,我们突然遭到了这样的惨败,经历了无比的绝望。

战败后,我一直关注事态的发展,尤其是安理会对此事的立场。我

---

① 艾登(1897—1977),曾任英国首相,埃及将苏伊士运河收归国有后,艾登政府即告垮台。

发现我们的对手并不只是以色列一方，这场冲突并不只是两国之间的战争，像德法战争那样，以一国胜利另一国失败、战胜国将条件强加给战败国而告终。这是一场国际势力纵横捭阖的游戏，那些将以色列安插在本地区的大国，感到了纳赛尔的危险，于是想剪掉他的羽毛。通过思考，我得出了以下几点感想：

一、谁想除掉以色列，就必须先除掉支持以色列的美国和西方国家。

二、那些国家只要感到埃及的力量在增长，以色列的安全受到威胁，就会马上插手干涉，无论是直接地还是通过幕后进行干涉，在1948年、1956年和1967年中东战争中都是如此。

三、战争就是战争，要么战胜，要么战败，战败并不意味着世界的末日，失败者应该重新塑造自己。而不战不和的局面却是不正常的，也是历史上未曾有过的。

四、失败与其说是军事原因所致，毋宁说是内部原因所致。

以上四点感想，是我经过思考从政治层面得出的。至于从文学层面，许多评论家指出：我在战前创作的一些小说已经预见到了将要发生的不幸，并为此敲响过警钟，这种预见在小说《尼罗河上的絮语》中表现得最为明显。我在战前发表的许多小说，主题都是反映社会上蔓延的腐败、懈怠、玩忽职守等现象，提醒人们事态的发展必将导致巨大灾难。事实上，很久以来我一直对埃及社会的前景感到悲观，这种感觉至今仍然存在。令我悲观的原因有许多，如社会上受苦落难的人不断增加，而这些人是可能做出任何事情的，因为他们无所畏惧。有些犯罪现象让我震惊，如几个人抢劫一名女子，并当着她丈夫的面将她轮奸；又如一个偷盗汽车的团伙成员竟然全部是大学生，另一个黑帮的成员中竟然有多名警官！这些事件都表明，我们面临的情况十分严重。

纳赛尔宣布辞职的那一天，也是我终生难忘的。纳赛尔宣读他那份著名的声明，宣布辞职时，我正在雷什咖啡馆里。在他宣读声明前的片刻，我还在怀有某种希望——即使这希望是虚幻的，我期待这希望能将我从迷茫中拯救出来。对于我们这一代人而言，纳赛尔就是希望的象征，我们已惯于将希望寄托在这位领袖身上。当他的声明播出后，我意识到我们真的坠落到了谷底。但即使如此，我仍然反对他辞职的想法。我和千百万埃及人一样，好比委托了一位律师，请他替我们打一场生死攸关的官司，我们把所有卷宗材料都交给了律师，他接受了一切，并声称律师有权根据判断独自行事。然而刹那间律师输掉了官司，便宣布辞职不干了……此时的当事人只有一种选择：无论如何都要抓住律师不放，请他把官司打到底，因为当事人对这官司的细节、材料、档案一无所知。因此，人民群众纷纷走上街头，不同意纳赛尔辞职的请求。他们抓住他不放，因为他就是那个掌握着所有材料的律师。

纳赛尔去世后，我在《金字塔报》写了短文对他表示悼念[①]，许多人因而指责我，因为我是明知道他犯了许多错误的。我要对这些人说：如果你们细心阅读这篇文章，就会发现其中有一半是对纳赛尔时代及其统治的批评；再说，对于死者，确应该有一些敬重和敬畏，在哀悼死者的时候，总得多提他的好处，而他做的坏事，起码等悲伤的情绪过去了再说。责骂我的人想要我怎么做？难道要我说"你们应该节哀，那家伙真该死"吗？先生们，不要斤斤计较作家们在一些非常时刻的言行，因为在那种时刻无法对人求全责备。

我对纳赛尔最大的不满，是他战败之后继续固守独裁的作风。据说是因为埃及处于战争状态、局势复杂，人民应该做出一切牺牲以恢复埃及的威望和尊严。我要说：雄辩的事实已经表明，是独裁将纳赛尔引向深渊，他因而更应该尽快采取措施，建立任何形式的民主，听取多方意见。由于纳赛尔的错误政策，埃及蒙受了历史上从未受过的耻

[①] 见288页注释。

辱。尤其令人难堪的是，这种耻辱是在埃及人有史以来第一次自己管理自己国家时蒙受的。在此前的几千年中，埃及一直受外国人统治，希腊人、罗马人、阿拉伯人、土耳其人、法国人、英国人都统治过埃及，即使在别人统治期间，埃及也从未屈服过，而是尽一切力量做抗争。艾哈迈德·阿拉比①的军队只有一万一千人，军队的装备也十分原始，大部分士兵都未曾打过仗，但他们还是顽强抗击了气势汹汹的英国大军，战斗到最后一刻才由于叛徒出卖而失败。当法国人入侵埃及时，他们拥有当时最先进的武器，但埃及人民没有害怕，他们拿起棍棒刀剑抵抗，先后举行了两次起义，阵亡者数以千计。在我看来，1919年革命②的伟大奇迹，其主要意义并不仅在于取消了英国托管、由人民当家做主、或建立民族资本、复兴文化艺术，等等，而更在于革命本身。埃及人民在七千年的漫长历史中，一直与政权无缘。农民终其一生辛勤劳作，却把管理的权力交给少数"精英"。希腊人、罗马人、阿拉伯人、土耳其人、法国人来了，他们都毫不在乎。对于他们而言，统治者是什么模样、来自哪个国家、何时来或何时走，他们都无所谓。他们受各个朝代所有统治者的奴役。1919年革命，使他们恢复了自信，感到了自己的价值。1930年曾发生过这样一件事情：那一年，新任首相西德基废除了宪法，试图将自己喜欢的新宪法强加给人民，埃及人民表示反对，抵制了选举。警察开着卡车来到农村，想迫使人们到投票站投票，却发现村子里空无一人，原来人们为逃避选举，都躲到山里去了，他们以此表示反对新宪法。政府只好公然捏造选举结果。1952年革命胜利后，埃及人民突然发现：他们的领袖是他们自己人，是平民百姓的儿子，而且充满了爱国热情，于是，再没有必要闹革命反对政府了。最初，他内政外交的

---

① 艾哈迈德·阿拉比（1841—1911），埃及将领，1882年领导人民抗击英国武装入侵，后被捕流放。
② 1919年，扎格鲁勒及其创立的华夫脱党领导埃及人民进行了大规模的武装革命，迫使英国承认埃及独立。

一切举措都令人称道，于是人们支持他，拥护他。但过了一段时间，人们发现专制的统治方式并没有改变，于是重新回到听天由命、与世无争的状态，延续了七千年的老毛病复发了。1919年革命试图医治这一病症，并且取得了良好效果。但现在，人们又回到了过去的状况，如有人再对他们谈论介入政治，他们不予响应。因为他们未得到参与国事、表达意见的权利，只好抱着事不关己的消极态度。这恰恰导致了1967年的灾难。

与杰马勒·黑托尼的谈话[①]

我与文学

我小时候有一天见到一位朋友在读书,那是一本侦探小说,书名为《约翰逊的儿子》。我问他:"这是什么?"他回答:"这本书太有趣了。"

我向他借来这本书,也读了起来,非常喜欢。我又去寻找同一系列的其他小说,我还想:"这本书讲约翰逊的儿子,那么约翰逊本人的故事呢?"我还真找到了主人公是约翰逊的侦探小说。这些书是我最早读过的小说,那时我大概十岁,是小学三年级的学生。我读那些小说时很投入,随着情节的发展时而落泪、时而大笑。小说读了一本又一本,从侦探小说读到历史小说。书读得多了,我自己也开始动手写起来,尽管我才是个小学生。那种写法很独特,我读完一本小说后,便自己重写一遍,人物不变,情节稍做改动,增加一些我个人生活中的经历,如与朋友的交往、孩子们之间的打闹等。写完后我在练习本封面上写下:纳吉布·马哈福兹著,然后随便编一个出版社名写上。我一般是在假期里写,以这种方式,我重写过哈葛德、加弗斯等人的探险小说。我的写小说生涯其实从这时就开始了。此后我的阅读面拓宽了,除了文学作品外,我还读一些思想作品,那时候思想家很受尊敬,而文学在我看来只

[①] 杰马勒·黑托尼(1945—2015),埃及著名作家。1980年,他将与马哈福兹多次谈话的内容整理成《马哈福兹在回忆》一书出版。本篇内容根据该书编译。

是一种业余爱好。阿卡德提出了有关存在和美学的许多疑问，我读后也开始对哲学感兴趣。当时文坛受推崇的是杂文，而不是小说，所以我并不想全身心投入文学，创作小说。

读中学时，我对未来的设想是找个能留在开罗的职业，以便继续踢足球。后来不踢球了，我想过当医生或工程师，因为我理科成绩很好。此后我开始接触哲学文章，随着阅读的深入，我内心也生发了哲学疑问，我发现这才是我的兴趣所在。我想：通过学哲学，可以得到这些问题的正确答案。学医的不是能成为医生吗？学工程的不是能成为工程师吗？那么学哲学也一定能解决那些折磨我的问题。我觉得自己将要知道存在的奥秘和人类的命运，也就是说，当我毕业时，我将会掌握存在的奥秘。我还纳闷，人们怎么会忽视哲学系讲授的存在奥秘，而去学医学和工程？我父亲当然不理解我，他劝我：像你表哥那样去学法律吧，毕业时可以当法官或检察官助理。但我脑子里在想：什么法官，什么助理，我需要的是存在的奥秘！

我在生活中摸索时并没有人指点我。我家里有医生、工程师、法官，却没有一人对文学在行，没有谁能指点我，也找不到人咨询。我那时认为文学是私下搞的，是借以自娱的活动。后来，我迷恋上文学，拿到大学文凭后，我面临着哲学和文学之间的选择。最后一年学习期间，我发现自己偏爱文学。在准备论文时，我内心的斗争非常激烈，每天夜里都在思考：文学还是哲学？经过一番折磨，我最终选择了文学，拿定主意后，我内心感到一种深深的、从未体验过得舒坦。

我如何弥补文化知识的不足呢？

时间有限，我还有公职在身，要做的事情很多，所以大学毕业就职以后，我在家里继续学习，好像我仍然是个学生。父亲为此颇感迷惑，他说："你一天到晚泡在书房里，好像不曾毕业一样。是想拿博士学位吗？可你又说不是。那你这么辛苦到底为什么？"我父亲见我工作、学习时间太长，有点心疼我。但我总觉得时间有限，我要阅读文学、科学、历史等各种书籍，还想听音乐，同时还要从事写作，所以只能抓紧时间。在此之前，我曾在多家杂志上发表过文章，也曾在一些影响不大的杂志上发表过短篇小说。当时文学刊物很少，而且主要依靠广告维持，所以发表作品很不容易。因此，我的第一个短篇在《小说》杂志上登出，对我而言非常重要，可以说比我后来获"国家文学表彰奖"更为重要。后来我在《新杂志》等刊物上发表了许多短篇，数目现在记不清了，我发表的第一个短篇是什么，也想不起来了。也许关注作家生平的研究者比我掌握的情况更多。有一点需要说明，我不是为写短篇而写短篇的，我最初写的是长篇小说，写完后交给出版社，但被拒绝出版，所以我就把长篇改写成短篇，可以说这是我写作短篇的动机。我的许多短篇的内容来自长篇，有人说我的短篇后来扩展成长篇，其实情况恰恰相反。

　　我在哲学和文学之间做出选择后，便面临一个艰巨的任务：我当时年龄已经二十五岁，应该为自己制定一个学习文学的计划，同时扩充各方面的文化知识。我该怎么办？我该从古希腊文学开始学呢？还是先关注现代文学，在此基础上抽时间再学古代文学？我决定从现代文学着手，便开始大量阅读。由于无人指点，我当然遇到过困难。当时的翻译文学还很有限，所以我是通过英语学习外国文学。那时得到最新的英文著作要比现在容易得多，什么书都能买到，书店里没有的书也可以预订，最多一周时间就能到货。我每周都要去市中心的书店里转转，至今仍保持这个习惯——周五早晨逛书店。同三四十年代相比，现在图书的种类少多了，而且也不够新。有一本文学史著作对我系统地阅读帮助很大，那本书写文学史截至1930年，对我选择文学作品阅读很有帮助。由于我着手较晚，对每一个作家的了解并不全面，通过这本书，我了解到每一个作家都有哪些代表作。我读了托尔斯泰的《战争与和平》、陀思妥耶夫斯基的《罪与罚》，读了契诃夫和莫泊桑的短篇小说，同时也读了卡夫卡、普鲁斯特和乔伊斯的作品。我喜欢莎士比亚，喜欢他的辛辣与华丽，我把他视为知心的朋友。我还喜欢尤金·奥尼尔、易卜生、斯特林堡①。我爱读梅尔维尔②的《白鲸》，我钦佩多斯·帕索斯③。我不太喜欢海明威，不明白为什么要把他炒得火热，但我喜欢他的《老人与海》。我认为福克纳过分复杂，我欣赏约瑟夫·康拉德④、肖洛霍夫、哈菲兹⑤、泰戈尔。可以说所有这些作家都有助于提高我的文学素养，但你会发现我没有受某一个作家的影响，各种现代写作技巧也没有让我乱了阵脚，很难想象我曾受乔伊斯的影响，我却没有尝试过意识流的写法，虽然我在三十年代中期就读了《尤利西斯》，但当提笔写作时，我把一切都抛之脑后，我走的还是现实主义的路子。

我按照现实主义的风格写作时，曾读到许多激烈攻击现实主义的文章。世界现代文学中，曾有成千上百部作品书写现实，后来转向描绘内心，转到意识流、无意识及超现实等写法。但对于我而言，我要表达的现实，尚未有人以现实主义的手法表达过，所以我无法试用那些时兴的文学手法，虽然我当时正在阅读那方面的作品。我面前的现实，其表象尚未得到描述，各种关系也未有人涉及，我怎么能超越现实呢？在《赫利勒市场》中，人们生活着，承受着苦难，去咖啡馆聊天，我应该把这些写出来。如果写乔伊斯笔下的人物，转向内心是合理的，因为那些人物内向而封闭。我觉得关键在于：作家应该知道什么写法最适合书写他的题材和他的内心。我当时无人指点、无人引导，我的写法被人

---

① 斯特林堡（1849—1912），瑞典小说家、剧作家。
② 赫尔曼·梅尔维尔（1819—1891），美国作家，《白鲸》为其代表作。
③ 多斯·帕索斯（1896—1970），美国作家。
④ 约瑟夫·康拉德（1857—1924），英国航海家、小说家。
⑤ 哈菲兹（1320—1389），古代波斯诗人，苏菲神秘主义学者，擅长写抒情诗。

嘲笑，被人说成死路一条，但现在看来我当初的想法是对的。这确实不易，尤其因为我们阿拉伯文学中并没有长篇小说的传统。

我决定选择文学后，就考虑到底该写什么。当时爱国主义情绪十分高涨，有人呼吁弘扬古埃及的荣耀。我读了一些很有价值的古埃及历史书，决定以小说的形式来写埃及的历史。我选了三四十个题目，这是我当时的计划和想法。但当我写完《底比斯之战》后，我的写作欲望消失了，就同我写完"三部曲"后没有了写作欲望一样。历史死去了。为什么死去？如何让它复活？我不知道。小说《拉杜比斯》和《命运的嘲弄》取材于两个神话，而《底比斯之战》则影射埃及当时的局势，所以我的小说并不强调史实。当决定给《拉杜比斯》授奖时，艾哈迈德·爱敏①给我打来电话："我问你：你在小说中写了战车是怎么回事？"我答道："我知道战车是喜克索人②带到埃及的，但小说中有想象的成分，我是有意为之……"

那个时代对法老文明十分推崇，这有其客观原因，因为只有从光辉的法老历史中，我们才能汲取面对现实的力量。《底比斯之战》的宗旨是反对英国占领者以及朝廷里的土耳其人，我反对英国和土耳其人统治的立场非常坚定。我系统地研究过古埃及历史，可以说研究得很专业，我还坚持听考古系的历史课，对有关古埃及的一切都有过研究，如日常生活方式、兵器、宗教等。在写完《底比斯之战》后，我为什么放弃了来之不易的古代文明知识，去写《新开罗》呢？或许我无法通过历史表达自己的想法，或许我想直接涉及社会现实问题，总而言之，以后我再也没有回到历史题材中。我觉得在历史上下了那么大工夫有点儿可惜，因为对我以后用处不大，当然这对我知识结构会有影响，也许我自己意识不到。现在让我重新写历史很难，但谁知道呢，或许某一天我

---

① 艾哈迈德·爱敏（1886—1954），埃及著名文化史学者。
② 喜克索人：主要是闪族亚洲人，公元前1674年占领埃及，统治埃及108年。

会重新回到历史中去，因为现实总不那么如意。

我很喜欢阅读科学读物，阅读那些总结科学理论、普及科学知识的书籍。对我而言，有时候读科学比读文学更重要。文学给予人乐趣，让人获得生活的经验；而哲学和科学可以增长文化知识。阅读科学和信仰科学并不一样，我是信仰科学的，这要归功于那些传播科学知识的思想家和作家，如萨拉迈·穆萨[①]，他向我们阐明了科学在现代文明中的巨大作用。当然现在社会对科学的看法和19世纪时的看法有所不同，也许可以说科学不那么高高在上了，尽管科学的成就越来越大。

我说过，除了文学艺术之外，我还阅读科学书籍，所以你会发现我同时在读好几本书。我酷爱读书，只有在我去年患糖尿病后，我的阅读才受到限制。遵照医嘱，我每工作一小时后就要休息一小时。由于我从事文学较晚，所以文学作品我一般不读第二遍，只有特别喜爱的作品才读两遍，如《战争与和平》《追忆似水年华》。到了晚年，我对阅读文学的兴趣冷淡了，一本研究文明的学术著作或是一本科学读物，能比小说或戏剧更吸引我，原因或许在于20世纪下半叶没有出现可与过去的文学巨人媲美的大师。假如你读托马斯·曼的《魔山》，你能领略到艺术和思想的魅力，但这种高水平的杰作现在没有了。今年我读了加西亚·马尔克斯的《百年孤独》，如果不是你向我推荐并把书借给我，我就不会读这本书，也就是说当我在书店里见了它，也许不会去买。来自欧洲的新作品并不令人鼓舞，而马尔克斯也是拉美的哥伦比亚人。是的，我很留意青年的创作，但这是另一回事，我有一种义务感，想了解我们的文学发展状况，所以你发现我在读年轻人的作品，我想了解他们是怎么写的。我知道现在有新的观点，新的发展。其他阿拉伯各国的当代文学我也读。以前，埃及以外的阿拉伯文学创作很有限，而且大多诉诸理念，凡是能读到的，我大部分都读了。说起来这在30年代

[①] 萨拉迈·穆萨（1888—1958），埃及思想家，是费边社会主义文艺思想的传播者。

更容易，那时书店里能见到伊拉克、叙利亚、摩洛哥等各国作家的作品，现在呢，很遗憾，没有一个联合的图书市场。我对阿拉伯各国文学的了解，都借助于朋友，由他们出国后带一些书给我，或者是作者寄书给我。

19世纪文学用艺术手法反映现实，描述生活中的各种动机、情感和冲突，在叙事过程中讲究趣味。到20世纪发生了变化，有的小说读起来像哲学书，思辨色彩占了艺术创作的上风。

我学过哲学，这对以后的我影响很大，我自己也能感觉到。有的评论家说我的作品很有哲学意味，有思辨色彩。当然，20世纪的欧洲文学都以表达哲学思想为主，我们还没到这个程度，我们的文学中也不乏思想，但不能和萨特、加缪相提并论。

玩　世

不，我肯定不是玩世者。你知道玩世的含义吗？

简单而言，就是认为生活毫无意义。而对我来说，生活有其意义和目的。我全部的文学实践，都是在同玩世斗争。或许我曾感到过玩世之念的蠕动，但我抗拒它，思索它，试图分析它，然后制服它。《平民史诗》中，部分人物的生活似乎在玩世不恭中荒废，但对于整个大家庭而言，那并非毫无价值。

不，亲爱的杰马勒，我不是玩世者。对玩世思想最完整的表达，你可以在贝克特那里发现，那才是真正的玩世。那是对一切事物丧失信仰——不光是对宗教的信仰，而且是对一切事物的一切信仰。有时候，特别是在绝望、艰难的瞬间，我确实能感到玩世的想法在作祟。我们周围的生活看起来是残酷的，我们的现实生活，有时看来很荒诞。是的，那正是你所说的社会性荒诞，不符合理性。只有某些能让人恢复自信的胜利，才能制服玩世。自我们有意识以来，我们就一直在内心遭受某种挫折感，我们只要呼吸，就会觉得有东西压在心头，要令我们窒息，要糟蹋我们的生活，太可怕了。所以，你再也不会感受1919年革命胜利后那一代人的喜悦。即使是那一代人，后来也遭受了挫折，但他们尝到过胜利的滋味。自我们懂事起，那一代人的理想就破碎了，是这样的。我从1926年开始读报，那一年我十四岁，革命的高潮消退了，然后便是退让，然后是失败，然后是镇压……这种情况一直持续着。1952年以后，我们有了喘息的机会，但局势很快又发生了逆转。这就是现实。总而言之，我承认1967年战败后有过几分钟我堕入了玩世之渊。是的，当时抵抗已经开始了，但现实看起来那么荒谬，那么可怕……

读书与藏书

我不光嗜好读书，我还喜欢藏书。大部分外国文学作品我都是通过英语阅读的，我也读过一些法文作品，但普鲁斯特的法语作品我无法读懂，我是借助英语读的。不过阿纳托尔·法朗士我是直接通过法语读的。用原文阅读文学作品是最难的，因为文学语体经过雕琢，有时候很难懂。学术类读物比较易懂，因为表达比较直接。

我的藏书分为两部分：一部分在阿拔西耶的老房子里，我的外甥住在那里；另一部分在我尼罗河大街的住宅里。因为家里地方小，我结婚后只把一些必要的书搬进自己家中。家里空间小，我又不断地购书，所以书房简直成了书库。当我需要某一本书时，我一般不去找，重新买一本更省事，因为家里的书堆积如山，寻找起来很难。我的藏书中有大量小说，还有各种科学读物与学术著作。当埃及书店第一次引进《不列颠百科全书》时，我也买了一套，因为可以从中查找所需的任何方面的资料。有时国外新书进不来，又没有好书可读，我就阅读这套百科全书。

我每天都要阅读三个小时，我读书的瘾头很大，但去年起阅读时间受到限制，这是令我痛苦的打击。我很忧伤，但感谢安拉，我还是能够阅读的，不过时间减少了而已。

"三部曲"的故事

"三部曲"曾让我受过很大的打击，令我吃了许多苦。

早期写完《命运的嘲弄》《始与末》《赫利勒市场》《蜃景》等小说之后，我着手写"三部曲"。完成后我拿着稿子去见出版商赛哈尔先生。那时"三部曲"是一整部小说，题目是《宫间街》。至于分成三个部分，那是后来的故事，我稍后再讲。赛哈尔先生看着书问道："这是什么玩意儿？"

我说："《宫间街》，一部新的小说。"

他接了过去，翻了翻一千多页的稿子，然后说："这怎么能印成书？不可能！"

我回到家里，伤心极了。有时候我家里有三部书稿没有出版，我都并未不悦过。但那个夜晚，我真的崩溃了。经过这么多年的辛劳，付出了那么多的心血，这部篇幅最大、我最心爱的作品竟然无法出版！那几天我极度失望。有一次，在小说俱乐部里，我说起了无法出版的这部长篇大作，优素福·西巴伊听到了，他对我说："给我看看吧，我们将新出一本杂志。"这番话是什么时候说的，在革命之前或之后，我记不清了。但我是于1952年4月写完这部书的。优素福把稿子全部拿走了，那还是手写稿，我没有另留一份底，也没有在打字机上打印。是的，这部唯一的稿子如果由于任何原因丢失的话，"三部曲"就永远消失了。后来，优素福给我打来电话，说："我们要出的杂志将发表你的小说。"那本杂志就是《新使命》，《宫间街》在上面连载。谁发现连载获得了成功？正是赛哈尔先生。于是他对我说："小说很好，但篇幅太大，作为一本书出版不可能。"他建议我把书分成三个部分。我问："用什么书名？"他说取三个书名好了。就这样，《宫间街》成了包括《思宫街》《甘露街》的"三部曲"。

想起书稿被赛哈尔先生拒绝以后的那段日子，我真是很难过。那次打击太大了，简直是羞辱。我忘不了他第一眼见到书稿时说的那句话："这是什么玩意儿？"

"三部曲"出版后很快广为流传，一版再版，每版都很畅销。以后便在贝鲁特出现了盗版，从1965年至1970年，盗版不断，正式渠道的发行受阻，销量大减。赛哈尔在国外的朋友还给他寄过盗版的样本。除我以外，好多人都遇到过盗版的事情，至今仍未根绝。现在的盗版或许情有可原，我指的是由于政治原因，某些国家抵制外来图书。盗版给我造成伤害的同时，也让我感到另一种安慰：盗版书让我们的作品传到本来传不到的地方，因为我们的发行工作做得不好。那是文学的大传播，虽然物质上好处不多。我的书印数超过了一百万册，但我得到的印数稿酬，只按十五万到二十万计算。有趣的是，盗版者在封面上照用"埃及赛哈尔出版社"的字样，封面也不变，只是颜色淡点而已。

实际上，写作"三部曲"的念头不是一下子就有的。我记得我最初读过一本关于小说写法的书——有关写作艺术的书我曾读过不少——那本书开头讲的就是"家世小说"，或称为"时间小说"，因为这种小说涉及上下好几代人。这种形式吸引了我，我就想：我是否读过这类作品？不记得曾经读过。顺便说一句，有些作品你读后不会心有所动，另一些作品却能引起你的共鸣，让你心跳加快。我一定要写一部这样的作品。

但我马上又产生了犹豫,因为这类小说需要长期的练习,需要一头扎进去。也就是说,如果手头还有别的工作,就先得把它做完。这时,塔哈·侯赛因发表了小说《苦难树》,我发现它有点儿类似家世小说,可是太短了。于是,这时的我又被那个念头吸引住了。这期间,我开始读到几部伟大的"家世小说",如高尔斯华绥①的《福尔赛世家》、托尔斯泰的《战争与和平》、托马斯·曼的《布登勃洛克一家》。在某一个瞬间,我感觉自己已经有把握写这部小说了。在此我想说明一点:我写小说之前,一般不去专门读某一类作品,我的阅读是我知识积累的一部分。我的小说属于现实主义流派,而这一流派的作品数不胜数。但我有一部作品写得比较奇特,我还没读过与它类似的,也不知该把它归于哪个流派,这就是《我们街区的故事》。

动手写"三部曲"的几年前,一些细节,如人物的聚会、对话、夜谈等,就已经在一点一点积累了。小说中百分之九十的人物都是按照现实生活中的原型塑造的,有些是我家里人,有些是邻居,还有些是我的亲朋。当然,那些原型人物是谁并不重要,因为经过创作,小说中的人物已经发生了变化。一般来说,这些原型和我本人没有关系。只有"三部曲"中的人物,体现了我的许多思想和念头。有人对我说:艾哈迈德·阿基夫②这个人物身上是否有你的影子?其实根本没有。阿基夫是真有其人的,他在大学里做行政工作,《赫利勒市场》出版后他也读了,但没有认出他自己,根本没想到他是小说中主人公的原型。这就说明了一个奇怪的现象:人对自己的看法和别人对他的看法有时候差距很大。我认识的阿基夫先生是大学里一个普通的行政职员,他虽然只是本科毕业,却以为自己知道埃及的一切,甚至掌握了全世界的知识。

---

① 高尔斯华绥(1867—1933),英国现实主义作家,《福尔赛世家》三部曲是其代表作。
② 阿基夫是马哈福兹小说《赫利勒市场》中的主人公,性格软弱却很虚荣,是一个典型的弱者形象。

他很浅薄，为人却很鲁莽。我那么写还真有些风险，因为他如果知道自己被写进《赫利勒市场》，或许会威胁要我命的，或许真会报复，因为此人性情比较偏执。

写"三部曲"的时候，我年富力强，有韧劲，有耐心。写那样的作品确实要有耐心，还要身体好。如果你看到我为写"三部曲"积累的资料，你会相信我说的都是实话。我为每个人物都立了档案，以免忘了他的形象和特征。由于我眼睛过敏，只能在每年十月到次年四月间写作，所以更容易遗忘。我还注意宏观的布局，以保证小说结构严谨。四年多时间里，写掉了大量的纸张和本子，我精雕细琢，从容不迫，一心一意想写出一部好东西来。我用一种平实的风格写作，那时候我没感到驾驭语言有什么困难。顺便说一下，我一生面临的最大挑战，便是来自阿拉伯语的挑战。在我的第一部长篇《命运的嘲弄》里，你会发现小说的文体是标准书面语，是我们从学校里学来的文体，文体和内容没有关系。但在写现实题材作品时，就遇到了困难。文体运用得不顺，老是在跟我作对似的。我无意识中在同语言较劲，面临着语言的挑战。如果我对此有所意识，或许就会迷失方向了。我怎样才能征服语言？怎样让语言顺从我？怎样让对话既是标准语又符合情理？如果你读我最初的那些小说，你会发现有点儿可笑，比如小镇咖啡馆里的人物说的却是带学究气的书面语。但我找不到可以借鉴的示范，我们之前的大师们没有写过平民街区，偶尔写到的，都是用方言。如何让语言既有艺术性，又不与实际脱节，这是我在小说生涯中遇到的最大难题。

可以说，"三部曲"的素材我从小就十分熟悉。我写的人物在我生活的不同阶段都出现过。可我如何才能把所有细节糅进一部作品里？我也说不清楚：为什么小说最终写出来是这种形式，而不是别的形式？在持续几年的写作过程中，这部小说一直萦绕在我的脑海里。有一个建议我要告诉你：如果你脑子里有了一个题材，就不要拖延。为什么呢？我曾想过写革命后的新埃及，虽然也做了计划，但没有像对"三部曲"那样重视。现在我没有当初的耐心和韧劲了，对自己还能写多久已不够自信。写"三部曲"时，我坚信自己能够把它写完，但现在没有这样的自信了，以我这把岁数，我已不敢冒险去写那种长篇巨著。《平民史诗》酝酿了将近一年，写作用了一年，主要靠想象力，不用花"三部曲"那么大的精力。现实主义作品需要长期的观察与积累，而《平民史诗》则耗时较短。"三部曲"的人物从来没有离开我的脑子，我要保持小说的连贯性，因而无论是在假期，还是当我忙于工作需要中断一段时间，甚至是在电影院里，我都在脑子里思考小说中的人物、情节。所以即使停顿一段时间以后再写，我也不用重读前面的内容。我习惯于对作品润色、修改以后复读一遍，然后隔一段时间再读一遍。每次我都会感到不满，觉得写成的作品和起先的设想有差距，与自己的雄心有差距，但这种不满还不至于让我将作品毁掉。我写完后唯一毁掉的作品，是近几年写的长篇《恋情之外》，写完后我根本不满意，我也说不清到底为什么不喜欢。

我今天怎么看待"三部曲"呢？

其实我并没有重新考虑过它，也没有再读过。但可以说："三部曲"、《我们街区的孩子们》《平民史诗》是我偏爱的几部作品。我已说过，"三部曲"很大程度上写了我自己，主要体现在凯马勒①这个角色身上。凯马勒写进小说不是随意的，也并非因为他身上有许多我的成分，而是因为他是小说内容不可分割的一部分。这部小说发轫于古典时期，浸染于浪漫时期，又面向心理分析时期。东西方文化在小说中交融为

---

① 凯马勒是"三部曲"中父亲阿卜杜·贾瓦德的幼子，他是东西文化碰撞中成长的一代知识分子典型。碌碌无为、沉迷酒色的亚辛与真诚爱国、在反英示威中牺牲的法赫米，是凯马勒的两个兄长。

一,但并非以陶菲格·哈基姆等阿拉伯作家笔下的那种方式。他代表了一位发现了西方的东方人,他遭遇了现代文明的现象,所以作者必须分析其思想、灵魂和头脑中所起的变化。面对这一切,我曾有过艰难的心路历程,必然会反映在小说中。我想小说中的第二代人最能体现这种历程,当然亚辛是不可能的,法赫米有可能,但他夭折了。凯马勒的危机也曾是我的危机,他经受的磨难很大程度上正是我的磨难,我对"三部曲"的喜爱和怀念,即由此而来。

图书在版编目（CIP）数据

自传的回声 /（埃及）纳吉布·马哈福兹著；薛庆国译 . -- 北京：华文出版社，2019.11
　　ISBN 978-7-5075-5226-3

Ⅰ.①自… Ⅱ.①纳…②薛… Ⅲ.①马哈福兹（Mahfouz, Naguib 1911—2006）– 自传 Ⅳ.①K834.115.6

中国版本图书馆CIP数据核字（2019）第259454号

自传的回声
ZIZHUAN DE HUISHENG

作　　者：	〔埃及〕纳吉布·马哈福兹
译　　者：	薛庆国
策　　划：	杨　平
责任编辑：	郭俊萍
特邀编辑：	马帆娟
出版发行：	华文出版社
社　　址：	北京市西城区广外大街305号8区2号楼
邮政编码：	100055
网　　址：	http://www.hwcbs.com.cn
电子信箱：	silkroadlibrary@qq.com
电　　话：	总编室 010-58336239　发行部 010-58336267
	责任编辑 010-58336254
经　　销：	新华书店
印　　刷：	北京画中画印刷有限公司
开　　本：	710×1000　1/16
印　　张：	21.25
字　　数：	100千字
版　　次：	2019年11月第1版
印　　次：	2019年11月第1次印刷
标准书号：	ISBN 978-7-5075-5226-3
定　　价：	58.00元

版权所有，侵权必究